U0910876

本书获得“河北省高等学校人文社会科学研究项目（SD171091）”、“河北师范大学学术著作出版基金项目（S2016C01）”和“河北师范大学马克思主义学院著作出版基金”资助。

防策略投票理论的逻辑研究

孙雯 著

中国社会科学出版社

图书在版编目(CIP)数据

防策略投票理论的逻辑研究/孙雯著. —北京：中国社会科学出版社，2018.4

ISBN 978-7-5203-2424-3

Ⅰ.①防… Ⅱ.①孙… Ⅲ.①社会选择—逻辑—研究 Ⅳ.①C912.1

中国版本图书馆CIP数据核字(2018)第085087号

出 版 人 赵剑英
责任编辑 韩国茹
责任校对 张爱华
责任印制 张雪娇

出　　版 中国社会科学出版社
社　　址 北京鼓楼西大街甲158号
邮　　编 100720
网　　址 http://www.csspw.cn
发 行 部 010-84083685
门 市 部 010-84029450
经　　销 新华书店及其他书店

印　　刷 北京君升印刷有限公司
装　　订 廊坊市广阳区广增装订厂
版　　次 2018年4月第1版
印　　次 2018年4月第1次印刷

开　　本 710×1000 1/16
印　　张 12.5
插　　页 2
字　　数 162千字
定　　价 49.00元

凡购买中国社会科学出版社图书，如有质量问题请与本社营销中心联系调换
电话:010-84083683
版权所有 侵权必究

目　录

引　言

民主是当今世界各国所广泛接受的价值之一。正如赫尔德所言，民主似乎使得现代政治生活变得合法化了。当论及民主时，人们联想到的往往是选举投票。的确，民主与投票是难解难分的，可以说，民主最直观、最生动和最具体的表现形式就是选举。民主可以视为一种价值目标，投票则是达成这一目标的基本手段。

在一个以市场作为支配机制的时代中，投票是否略显多余？未必是这样。有相当多的问题在决策时需要集体投票来做出选择。例如，对一个政党或委员会候选人的选举，或者更为常见的，对于管理一个健身俱乐部候选人的选择。这类决策是现代社会不可或缺的部分。然而，很多时候，这些决策是错综复杂的，投票人可以通过谎报自己的真实偏好使投票结果发生有利于自己的变化，这就是所谓的“策略投票”。策略投票的后果极其严重，它不仅使集结的群体偏好不能正确反映群体的意愿，而且使谎报偏好者获得某种程度的“奖励”。从社会选择的角度看，“可操纵性”是不应该也不应被提倡的。

如何以透明而合理的方式做出决策呢？是否有防策略的

投票规则呢？答案是肯定的。防策略投票适时而生，它要求投票者不能从谎报他们的真实偏好中获益，进而可以抑制社会选择中的策略投票，促使投票者都投出自己的真实选票，从而使选举结果体现人们的真实意愿，以充分保障社会的公平和正义。

防策略投票理论的真正发展是在20世纪70年代中后期，其时吉伯德（Gibbard）和萨特思韦特（Satterthwaite）提出了防策略投票不可能性定理。在此之后，出现了大量的数学定理，用来处理和解决投票程序的操纵性，从理论上论证了防策略投票不可能性定理。从本质上讲，Gibbard - Satterthwaite 防策略投票不可能性定理意味着任何投票选择程序在一定条件下，要么是可被操纵的，要么是独裁的。这在理论界引起了很大的震动，特别是它对经济领域的资源合理配置理论的存在性和合理性提出了巨大的挑战。因此，对该理论的研究极具吸引力。

近十几年来，防策略投票不可能性定理已经引起了数学、计算机科学、逻辑学以及哲学等领域研究者的广泛注意。越来越多的学者从逻辑形式化的观点和方法，研究如何对社会选择中的问题进行描述并建立模型，进而用计算机程序来自动验证其不可能性定理。另外，还有一些逻辑学家基于模态逻辑，设计出适合的逻辑系统来模型社会选择中的防策略投票问题，或者利用已有的逻辑框架，如一阶逻辑、命题逻辑、高阶逻辑来研究社会选择问题及刻画防策略投票不可能性定理。

从逻辑应用的角度来看，用逻辑来刻画和模型社会选择理论中的种种问题，更加具有实践意义。有鉴于此，本书主要介绍如何用逻辑的方法有效地刻画社会选择理论中的防策略投票问题。

本书的章节结构和主要内容如下。

第一章是防策略投票理论概述。首先，简要概述防策略投票的理论背景，从投票悖论谈起，到 Arrow 不可能性定理和 Gibbard – Satterthwaite 防策略投票不可能性定理的提出，从而引起人们对防策略投票问题的关注。其次，系统地梳理了防策略投票理论的发展历史和研究现状。从逻辑的角度，勾勒出防策略投票的发展图景。最后，阐述了避免策略投票的方法，特别概述了在计算机科学中计算复杂性的方法。

第二章研究防策略投票的理论基础——Gibbard – Satterthwaite 防策略投票不可能性定理。首先，在集合论的基础上给出投票理论的一般定义，然后详细地论证了线性投票和非线性投票下的 Gibbard – Satterthwaite 防策略投票不可能性定理，并给出相关结论。其次，介绍 Saari 方法，从新的视角，验证了 Gibbard – Satterthwaite 防策略投票不可能性定理的正确性。再次，借助于归纳法，证明了特殊情形下的 Gibbard – Satterthwaite 防策略投票不可能性定理。通过这种方法，我们可以使用计算机来辅助证明不可能性定理以及发现新的不可能性定理或不可能性结果。最后，对 Gibbard – Satterthwaite 防策略投票不可能性定理的证明进行反思，讨论了其理论意义和实践意义。

第三章对 Gibbard – Satterthwaite 防策略投票不可能性定理进行了精确的刻画。首先，形式化地给出相关概念。其次，基于模态逻辑 $S5^m$，提出投票逻辑 VL，给出其语言和语义。再次，基于 VL，对 Gibbard – Satterthwaite 防策略投票不可能性定理进行逻辑刻画。最后，详细讨论 VL 的不可判定性和可判定性特例。

第四章基于社会选择函数逻辑研究防策略投票理论。首先，形式化地给出相关博弈论和社会选择的概念。其次，给出命题控制联盟逻辑 CL－PC 的语言、语义以及其公理系统和推理规则。进而，基于 CL－PC，提出社会选择函数逻辑 SCFL，并给出其语言、语义以及公理和推理规则。再次，基于 SCFL，对投票、社会选择函数、单调性、真实偏好、非独裁、防策略等进行了精确的刻画，并给出防策略和单调性的关系，即 $\models \wedge scf[N, K]$ MON ↔STRPROOF，并讨论社会选择函数是否防策略这一问题。最后，给出结论并指出进一步的研究方向。

第五章基于多主体策略逻辑研究防策略投票。首先，阐明投票也可以看作多主体策略博弈，并给出多主体策略博弈模型和投票博弈模型。其次，提出多主体策略逻辑（MASL），给出其语言、语义，并阐明 MASL 是完全的。再次，基于 MASL 表达防策略投票理论中的很多重要的概念，并且讨论 MASL 和 CL 的关系，阐明 CL 和 MASL 是可以转化的。最后，在 MASL 的基础之上进行认知扩张，得到认知多主体策略逻辑（EMASL），给出 EMASL 的语言和语义，并应用于刻画知道独裁、知道防策略。

在借助逻辑工具对防策略投票问题的研究中，我们发现，逻辑学、计算机科学、社会选择理论等学科以惊人而富有成效的方式相互关联着，可谓“枝枝相覆盖，叶叶相交通”，从而创建了一个跨学科的“视角”。用逻辑的方法来研究防策略社会选择机制，最终完美地刻画和解决防策略投票问题，从而使其在实践上成为可行的，这在今天具有重要的理论意义和实践意义。然而，对于逻辑学家来说，用现代逻辑模型社会选择中的问题，找到适合的逻辑系统来解决防策略投票问题，仍然还有许多问题亟待解决。但随着更多的新技术被国内外学者所掌握，我们相信，关于防策略投票理论的研究必将逐步丰富起来，并能解决更多的实际问题。

第一章　防策略投票理论概述

“绝对公平的选举是不可能实现的!”当美国经济学家阿罗（K. J. Arrow）在1952年向全世界发表阿罗不可能性定理时，人们才开始意识到选举系统通常是可以被策略操纵的，从而激发了人们对防策略投票的研究。本章对防策略投票理论进行了概述，笔者的主要工作有以下两个方面：一是以Gibbard – Satterthwaite防策略投票不可能性定理为核心，回顾了防策略投票思想的发展历史和研究现状，展开对防策略投票理论的概述。二是从如何避免策略投票的角度，梳理了防策略投票的方法。

第一节　防策略投票理论的历史综述

从许多经典文献中可以看出，在每个合理的选举系统中，有些投票者会选择言不由衷。合理的选举系统通常是可以被操纵的。投票者如果知道社会决策的规则，或许可以通过误报或显示虚假的信息来获得更有利的结果，从而达到对社会选择规则的策略操纵。因此，我们说策略操纵是一个普遍存在的问题。那么在投票中是否可以避免策略操纵以及如何避免策略操纵，即防策略投票的研究。防策略投票理论起始于20世纪70年代中后期吉伯德和萨特思韦特提出防策略投票不可能性定理之后。

一　对防策略投票理论的关注

投票无疑是最常见的偏好聚合问题，投票选举作为一种群的偏好集结方法，一直是人们最重要的解决有差别的个人偏好成为社会偏好的常用方式。然而，在多数规则下，每个人均按照他的偏好来投票。大多数人是偏好X胜于Y，同样大多数人也是偏好Y胜于Z，按照逻辑上的一致性，这种偏好应当是可以传递的，即大多数人偏好X胜于Z。但实际上，大多数人偏好Z胜于X。因此，以投票的多数规则来确定社会或集体的选择会产生循环的结果。结果，在这些选择方案中，没有一个能够获得多数票而通过，这就是著名的“投票悖论”（paradox of voting）。那么，能不能设计出一个消除循环投票，做出合理决策的投票方案呢？20世纪50年代，阿罗指出，社会福利函数在满足一些合理性条件的前提下将不存在，具体来讲，社会福利函数应满足如下四个条件：

无限制定义域（unrestricted domain）表示映射f的定义域包括了X上的所有逻辑可能的n元组的个人排序。

无关选项相独立（independence of irrelevant alternatives，也称为独立性原则）表示社会福利函数的结果中候选者x和y的排序只与投票者们对x和y的态度有关，而与投票者对其他候选者的态度无关。

帕累托最优原则（pareto principle，也称为一致性原则）表示如果所有选民都认为候选者x优于候选者y，则y一定不是最终的胜者。

非独裁者（non - dictator）表示对于 f 的定义域中所有的组合和所有在 X 上的每对选择 x 和 y，社会不存在个体 i 使得如果有 xP_iy，那么有 xPy。

但是如果供选方案不少于三个，满足这些条件的任何理性群体决策将不存在。也即，同时满足无限制原则（U）、独立性原则（I）、一致性原则（P）、非独裁原则（D）这 4 条公理要求的民主决策的规则是不存在的，就是著名的“阿罗不可能性定理”（Arrow’s impossibility theorem）。

阿罗采用数学的方法、符号化的公理和数理逻辑的证明方法，说明依靠简单多数的投票原则，要在各种个人偏好中选择出一个共同认可的顺序，是不可能的。如果供选方案的事件个数不小于 3，那么就不存在任何遵循原则 U、P、I、D 的规则。这表明满足所有一般条件的民主选择要么是强加的，要么就是独裁的结果。这样，要想借助于投票过程来达到协调一致的集体选择结果，一般是不可能的。这个结论是令人震动的：一个社会不可能有完全的每个个人的自由——否则将导致独裁；一个社会也不可能实现完全的自由经济——否则将导致垄断。

继而学者们围绕化解阿罗不可能性定理，使“不可能”成为“可能”，进行了大量研究，但却出现了许多问题亟待解决。现实生活中，人们为了获得更大的利益，往往通过控制、贿赂和操纵的策略行为来改变投票选举的结果。[①] 如通

---

① Faliszewski P. , *Manipulation of Elections: Algorithms and Infeasibility Results*, University of Rochester, 2008, p. 941.

过引入新的投票者或招募候选人，投票者甚至可能会以某种方式来收买投票或投出虚假的选票以便操纵选举，这可能会产生更有利的结果。[①]

因此，人们对防策略投票的研究产生了特别浓厚的兴趣并继续深入地发展起来。20 世纪 70 年代以来，Gibbard – Satterthwaite 防策略投票不可能性定理确立后，人们对如何避免策略操纵，即防策略投票问题开始了广泛的研究。在此之后，出现了大量的数学定理，用来处理和解决投票程序的操纵性，并从理论上论证了防策略投票不可能性定理。

防策略投票社会选择机制设计的目的，一是为了抑制社会选择中的"策略投票"，避免个人欺骗；二是防止垄断的出现。然而，社会选择中各成员之间因各种原因会形成联盟，决策时联盟中各成员根据集体意志采取行动，而非单纯的个人偏好。因此，在存在利益集团的情况下，选择规则的防策略性等问题仅依靠社会选择理论本身难以完成，有鉴于此，Gibbard – Satterthwaite 防策略投票不可能性定理引起了数学、计算机科学、逻辑学以及哲学等领域研究者的广泛关注。

二　防策略投票理论的萌芽及初步形成阶段

国外在 13 世纪就开始对投票问题进行研究，其代表人物主要有罗曼·勒尔（Roman Lull）和诺奥赖斯·卡萨努斯（Nuolas Cusanus）。他们各自提出了自己的选举方法，也注意到了选举程序中的策略投票问题。1283 年，勒尔指出人们的

---

① Faliszewski P.，Hemaspaandra E. and L. A. "Hemaspaandra，Using Complexity to Protect Elections"，*Communications of the ACM*，2010. 53（11），pp. 74 – 82.

行为可能并不直截了当，通过设计投票规则和程序，可能会影响投票者的行为，他要求参与者都要说真话。[①] 之后，1299 年，勒尔在《选择的艺术》（“The Art of Elections”）中提出，在投票中所有的投票者应该发誓说真话，并选择最好的和最合适的候选人。

受勒尔的影响，1434 年，卡萨努斯认为没有比诚实和自由更神圣的方法，如果投票者遵循他们的良知来投票，那么选出的候选人将是最好的。卡萨努斯对投票方法研究的贡献在于他也提出了一种形式上是两两比较，本质上为 Borda 法（即博尔达计数法）。[②] 但与勒尔所给方法不同的是：勒尔要求整个投票过程应是公开的，而卡萨努斯则建议投票应秘密进行。这大概是考虑到二人的方法使用场合的不同。由此可见，在勒尔和卡萨努斯的研究中，他们都注意到了所谓的策略投票问题，并对此提出了“发誓说真话”“遵循良知投票”的投票方法，种下了最初的防策略投票的思想萌芽。

至此之后，人们在实际中就注意到了“策略行为”的存在，并对其进行了系统化的研究。1784 年，吉恩—查尔斯·博尔达（Jean - Charles de Borda），针对简单多数票法则的不足，提出了人们今天所熟悉的博尔达计数法（The Borda Count），他假设投票者将真诚地表达自己的喜欢，对于人们可以很容易地操纵他的博尔达计数法的说法，博尔达反驳说，他的选举只适用于诚实的人。[③] 之后，1785 年，马奎

---

① R. Lull, “Blanquera? (1283)”, in I. McLean and A. B. Urken (Eds.), *Classics of Social Choice*, University of Michigan Press, 1995, p. 54.

② 博尔达计数法是一种较为简单的排序投票法，每个选项借由选票上的排序来取得积分，积分最高者获胜。

③ Black D., *Theory of Committees and Elections*, Cambridge University Press, 1958, p. 182.

斯·孔多塞（Marquis de Condorcet），提出了孔多塞陪审团定理（Condorcet's Jury Theorem），在陪审团定理中，孔多塞意识到操纵的可能性，并提出应采取“真”或“正确的”社会排序来避免操纵。①

1876年，投票选举理论的奠基人之一查理·勒特威奇·道奇森（C. L. Dodgson）认为投票者倾向于采取策略投票，在道奇森看来：“在选举中，根据真实意愿投票的投票者，比起那些具有更多投票技巧的投票者来说，要好得多。”道奇森对选举和委员会（elections and committees）问题进行了深入的研究。经过大量的对比研究他认为，投票程序的“可被操纵性”投票人（或决策者）的策略行为是“普遍存在的”，他甚至认为投票选举这种决策过程实际上是一种在一定选择规则（或决策规则）下进行的对策过程。

诺贝尔经济学奖得主肯尼斯·约瑟夫·阿罗（Kenneth J. Arrow）于1951年在其现在已经成为经济学经典著作的《社会选择与个人价值》一书中，采用数学的公理化方法对通行的投票选举方式能否保证产生出合乎大多数人意愿的领导者进行了研究。结果，他得出了一个惊人的结论：绝大多数情况下是不可能的！或者也可以说：随着候选人和投票者的增加，“程序民主”必将越来越远离“实质民主”。他还指出，一旦建立一个社会选择机制，人们会发现有利可图，从而非真诚地表达他们的偏好。可见，阿罗已经注意到策略投票这个问题，但并未进行深入的讨论。

---

① Condorcet, M. de, in McLean and Urken (Eds.), *Classics of Social Choice*, The University of Michigan Press, 1995, pp. 145 – 146.

1958年，邓肯·布莱克（Duncan Black）明确陈述了如下观点：当人们的偏好是单峰[①]（single - peakedness）时，没有人可以很清楚地从失实陈述偏好中受益。但他又指出，即使有这种限制，某些失实陈述可能导致循环。这是因为布莱克和这个时期的大多数作者一样，都试图解释操纵作为一个二元决策过程的特点。进一步，布莱克又指出，当按顺序投票时，能揭示偏好不是单峰的。因此，虽然布莱克的观点不如后来的学者乐观，但他的贡献是肯定的。正如我们所看到的，单峰和其他相似条件一样，在允许防策略规则的定义中，扮演了重要的角色。[②]

随后，1960年，维克里（Vickery）表达了一个巧妙的猜想，投票规则的结构可能是防策略的。他指出："社会福利函数（social welfare functions）满足独立性假设，如果一个函数是防策略的，那么他必须满足独立性标准。他甚至认为社会选择规则中的无关方案独立性条件和正响应条件必然导致社会选择规则的可操纵性。"[③] 另外，在投票中，对策略问题分析最缜密的应该是达米特（M. Dummett）和法夸尔森（R. Farquharson），在50年代中期，杜梅特（1963）和法夸尔森（1969）通过对投票程序的"稳定性"，即防策略投票性的研究，大胆地猜想："在一定条件下，任何投票选择程

---

① 单峰偏好，是指选民在一组按某种标准排列的备选方案中，有一个最为偏好的选择（效用峰值），而从这个方案向任何方面的偏离，选民的偏好程度或效用都是递减的。

② Black D.，"On the Rationale of Group Decision Making"，*Journal of Political Economy* 1958. 56，pp. 23 - 34.

③ Vickery W. Utility，"Strategy，and Social Decision Rule"，*Quarterly Journal of Economics*，1960，74，pp. 507 - 535.

序都是非防策略的，即可被操纵。① 这些研究结果在防策略投票理论的发展过程中确实起到了引导作用。

三　防策略投票理论的正式提出及深入发展阶段

道奇森、维克里、达米特和法夸尔森等人虽然已经意识到了投票程序的可被操纵性是一种“普遍存在”，但他们的这种认识是从大量的对比研究和实例中得到的，只是一种感性认识，都未能对这种“普遍存在性”从理论上加以解释和证明。防策略投票理论真正的发展是在20世纪70年代中后期，其时，艾伦·吉伯德和马克·萨特思韦特提出了防策略投票不可能性定理。

1970年，吉伯德和萨特思韦特在阿罗开创性基础工作之上，证明了合理的投票系统都是操纵的，投票者总是可以从提交一个虚假的选票中获益。后来他们分别于1973年和1975年提出了著名的Gibbard – Satterthwaite防策略投票不可能性定理。吉伯德利用阿罗不可能性定理证明了他所提出的不可能性定理；萨特思韦特首先采用数学归纳法直接证明了防策略投票不可能性定理，并利用这个结论给出了阿罗不可能性定理一个新的证明。②

近十几年来，越来越多的学者关注于用逻辑、计算机

① Dummett M.，“Stabiliby in Voting”，*Econometrica*，1963，39，pp. 33 – 44；Farquharson R.，*Theory of Voting*，Yale University Press，1969，p. 83.

② Gibbard A.，“Manipulation of Voting Schemes：A General Result”，*Econometrica：Journal of the Econometric Society*，1973，pp. 587 – 601；Satterthwaite M. A.，“Strategy – proofness and Arrow's Conditions：Existence and Correspondence Theorems for Voting Procedures and Social Welfare Functions”，*Journal of Economic Theory*，1975，10（2），pp. 187 – 217.

来解决社会选择中的问题，即从逻辑形式化的观点和方法，研究如何对社会选择中的理论进行描述并建立模型，或用计算机程序来自动验证防策略定理。21 世纪初，泰勒（Alan D. Taylor）2005 年在其著作《社会选择和操纵的数学》中用公理化的方法，首次严谨系统地给出了 Gibbard – Satterthwaite 防策略投票不可能性定理、Duggan – Schwartz 定理、Barberá – Kelly 定理这三个定理的统一证明。[①] 其中，Gibbard – Satterthwaite 防策略投票不可能性定理在社会选择中是非常重要的，在过去的三十年里，有许多关于这个定理的证明。泰勒借助集合论，通过大量的谓词演算，对 Gibbard – Satterthwaite 防策略投票不可能性定理进行了精致的逻辑刻画，这为化解操纵问题提供了很大的帮助。基于上述工作，范·艾吉克（Jan van Eijck）2011 年借助 Saari 方法，具体地说，Saari 方法将三角形分为六个区域，分别代表六种不同的投票类型，通过从一个区域移动到另一个区域，来改变其投票类型。三角形的三个顶点分别代表不同的选票，越接近一个区域的顶点，越偏好于这个顶点所代表的选票。这种方法很巧妙地化简了 Gibbard – Satterthwaite 防策略投票不可能性定理的证明，从新的角度论证了这一定理。[②]

2011 年，阿尔卡季·塞林科（Arkadii Slinko）在论文《微博时代的操纵选举》（“Manipulating Elections in the Age of Twitter”）中就网络时代的操纵问题，提出了新的诠释——社

---

① Taylor A. D. , *Social choice and the Mathematics of Manipulation*, Cambridge University Press, 2005, pp. 23 – 58.

② van Eijck J. , “A Geometric Look at Manipulation”, *Computational Logic in Multi – Agent Systems*, 2011, pp. 92 – 104.

会网络（social networks），投票者之间开始相互交流，并分享各自的偏好和意图，以更方便地结成联盟。社会网络的提出，必然促进对于联盟防策略投票的研究。

不难看出，在社会选择理论中，最初引入逻辑，只是其公理化方法的严格使用，而不是作为一个正规的形式系统的应用，对此，艾格特尼斯（Thomas Ågotnes）、特罗卡尔（Nicolas Troquard）、帕瑞曼（Erik Parmann）等人做了进一步研究。

艾格特尼斯等，2006 年基于模态逻辑，设计了一种可以刻画社会福利函数的逻辑，这种逻辑在语法上是简单的，但足以表达社会福利函数的属性，如量化偏好关系，并刻画了阿罗定理。[①] 特罗卡尔等 2011 年设计了一种逻辑，用于推理社会选择函数。这个逻辑也是基于模态逻辑的，想法来源于命题控制联盟逻辑（CL－PC）。[②] CL－PC 逻辑包括可以表示策略稳定性的算子，特罗卡尔等扩展了这种逻辑，增加了表示个体偏好的算子，个体的策略稳定性由 CL－PC－like 算子表示。由此，更精确地确立了社会选择函数的属性和逻辑公式之间的联系，表明使用逻辑语言可以很好地刻画社会选择函数。每一个社会选择函数都可以由一个逻辑公式来描述，并且这个逻辑是可判定的，在判断社会选择函数是否防操纵这一问题上起了相当大的作用。

同年，艾格特尼斯等，提出了偏好和判断聚合的逻辑，

---

① Thomas Ågotnes, Michael Wooldridge, and Wiebe van der Hoek, "Towards a Logic of Social Welfare", *LOFT*, 2006, pp. 1－10.

② Troquard N, van der Hoek W. and Wooldridge M., "Reasoning about Social Choice Functions", *Journal of Philosophical Logic*, 2011, pp. 1－26.

判断聚合是从逻辑的角度研究聚合，考虑如何将多组逻辑公式聚合为一个单个一致集。判断聚合也可以看作偏好聚合的子集。他们提出的判断聚合逻辑（JAL），可以直接解释判断聚合规则。①

2011 年，乌尔·恩德瑞斯（Ulle Endriss）从偏好的表示、防策略投票不可能性定理的逻辑刻画、社会选择理论中的自动推理等方面，说明了社会选择理论中的公理化方法，表明现代逻辑可以从许多方面促进社会选择理论的研究。②

帕瑞曼和艾格特尼斯于 2012 年，基于乘积逻辑 $S5^m$，提出了一种投票逻辑（voting logic），增加了算子 $\Box^U$，用于量化所有真实的情境，即个体如实表达他们偏好的真实世界。进而刻画了独裁、防策略等属性，并完整地表述了 Gibbard - Satterthwaite 防策略投票不可能性定理。另外，帕瑞曼和艾格特尼斯还讨论了该逻辑的表达力问题，说明当存在多个主体（投票者）时，它是不可判定的，然而，也有特例，即当有两个主体时，是可判定的。

可以看出，上述工作都是基于模态逻辑，以设计适合的逻辑系统来模型社会选择中的防操纵问题。其实，逻辑和博弈（logic and games）领域中有很多这方面的研究，如用模态逻辑来刻画博弈理论中的概念，如策略、偏好、联盟，这也是社会选择中的重要概念。然而，在逻辑和博弈中，关注的是个体如何在一个情境中行为，而不是关注如何模型一个机

---

① Agotnes T., Hoek W., Wooldridge M., "On the Logic of Preference and Judgment Aggregation", *Autonomous Agents and Multi - Agent Systems*, 2011, 22 (1), pp. 4 - 30.

② Endriss U. "Applications of Logic in Social Choice Theory", *Computational Logic in Multi - Agent Systems*, 2011, pp. 88 - 91.

制，以实现社会选择。

另外，还有一些逻辑学家，利用已有的逻辑框架，如高阶逻辑、命题逻辑、一阶逻辑来研究社会选择问题及刻画防策略投票不可能性定理。

2009 年尼普科夫（T. Nipkow）通过用高阶逻辑对阿罗定理和防策略投票不可能性定理进行了论证。[①] 同年，林方真（F. Lin）和唐平中（P. Tang）在命题逻辑的基础上，设计了一种社会选择的逻辑语言，引入了一元谓词情境的概念，并令 4 元谓词 p 来模型个体偏好，3 元谓词 w 来模型集体偏好。此外，还引入了行动 swap（x，a，b），表示在个体 x 的偏好序下，将 a 和 b 交换位置。基于上述工作，他们最终将社会选择中的阿罗不可能性定理翻译成相应的逻辑语言，然后使用可满足解析器（SAT solver）来验证，从而完整自动地证明不可能性定理。[②]

在此基础之上，唐平中于 2010 年，用同样的逻辑语言，通过归纳法，将防策略投票不可能性定理的条件简化到基本条件（the base case），基本条件是指有两个投票者和三个候选人的情况，即当 $|N|=2$ 并且 $|O|=3$ 时，社会选择函数是一个映射，它是防策略的当且仅当它是独裁的。另外，唐平中还使用了计算程序来验证这个部分，他把这个问题看成是一个限制可满足问题（CSP），并且使用所谓的深度搜索策略（depth - first search algorithm），先找到满足前两个条件

---

① Nipkow, T.,"Social Choice Theory in HOL: Arrow and Gibbard - Satterthwaite", *Journal of Automated Reasoning*, 2009, 43 (3), pp. 289 - 304.

② Tang P. and F. Lin,"Computer - aided Proofs of Arrow's and other Impossibility Theorems", *Artificial Intelligence*, 2009, 173 (11), pp. 1041 - 1053.

的社会选择函数，然而再验证它们都是独裁的。最后，在特殊情形下，可以验证有 17 个防策略社会选择函数是独裁的。① 在某种程度上，借助逻辑来辅助分析和设计社会选择过程，形式地刻画社会选择中一些重要的不可能性定理，从而为自动定理证明打下基础，从计算机科学的观点来看，这个问题是很有趣的。

格兰迪（U. Grandi）和安迪瑞斯（U. Endriss）于 2009 年，用一阶逻辑来模型化社会选择中的理论，将社会选择中的社会福利函数嵌入古典一阶逻辑中，用一阶逻辑成功地刻画了阿罗不可能性定理。② 继而，格兰迪和安迪瑞斯于 2012 年，又用一阶逻辑来刻画偏好聚合中的不可能性定理，提出了社会福利函数的一阶定理，成功地形式化了社会选择中的三个重要的结论，即对 Arrow 定理（1963）、Sen 定理（1972）、Kirman – Sondermann 定理（1972）进行了逻辑刻画，并用 prover 9，最终实现自动推理证明。③ 不难看出，对于验证社会选择中的不可能性定理，一个完整的形式化表达更能保证结果的正确性，并且还可以为自动推理的实现建立很好的基础。笔者认为，这种方法可以作为研究社会选择理论中的古典定理及发现新定理的一种不错的方法。

可见，对于社会选择学家来说，可能最受益的，就是可

---

① Tang P.，*Computer – aided Theorem Discovery – A New Adventure and its Application to Economic Theory*，PhD dissertation，HKUST，2010，pp. 56 – 62.

② Grandi U. and Endriss U.，"First – order Logic Formalisation of Arrow's Theorem"，*Springer – Verlag*，2009，pp. 133 – 146.

③ Grandi U.，Endriss U. "First – order Logic Formalisation of Impossibility Theorems in Preference Aggregation"，*Journal of Philosophical Logic*，2012，pp. 1 – 24.

以借助逻辑中的纯形式语言来研究和推理社会选择中的重要问题。因此，对社会选择理论中的防策略投票不可能性定理，提供一个纯形式化表述，以最终实现自动定理证明，以及设计一个适合的逻辑系统来模型社会选择中的防操纵问题，这都是逻辑作为一个工具，应用在社会选择中的重要方面。

总之，从 Gibbard - Satterthwaite 防策略投票不可能性定理的正式提出到后来的深入研究，使我们更期待出现完美的防策略的方法来避免投票选举中的操纵现象，激发了人们的兴趣，开启了人们对防策略投票研究的一道闸门。

综上所述，选举作为一种群的偏好集结方法，在现实生活中非常重要，在投票选举中，如何防止策略操纵，已成为我们在现实生活中迫切需要解决的问题，研究这些问题必需要发展和拓宽现有的社会选择理论，将逻辑学、计算机科学甚至是经济学很好地结合起来，从一个学科的角度去看另一个学科的理论，用一个学科中的方法来研究另一个学科中的问题，最终完美地刻画防策略投票理论，这在今天具有重要的现实意义。

第二节　防策略投票方法研究概况

如果一个系统能够被操纵，那么它就不是一个令人满意的甚至是不能够接受的机制。然而，著名的 Gibbard - Satterthwaite 防策略投票不可能性定理说明任何投票选择程序在一定条件下，要么是可被操纵的，要么是独裁的。那么，有人可能会问，是否存在防策略投票的投票程序，即投票选举永远不能被操纵？人们希望通过选择一个特别完美的选举系统，可以完全避免操纵。

国外在18世纪后期就注意到了选举程序的可操纵性问题。人们对如何策略地避免操纵的研究，付出了巨大的努力。主要有三种方法：第一是限制定义域（restrict the domain）。在设计聚合机制时，就要考虑如何防止操纵行为的产生，以避免被少数人操纵。针对可能出现的不同的操纵目的，建立相应的防策略投票系统。例如，多数选举规则，在选举人数是奇数且个体偏好关系满足单峰性的情况下，多数选举规则就能够完全防止被操控。而在其他情况下，它就很容易被操纵。

第二是通过改变偏好和投票的概念，研究社会选择的各种标准形式框架。例如，日常生活中广泛使用的认可票法（approval voting），每个投票者列出其认可的方案（不限数目），得到最多认可的方案的候选人获胜。安德瑞斯（Endriss）2007年指出，因为认可票法属于非排序系统，事实上并不适合Gibbard - Satterthwaite不可能性定理的框架（因为投票不是线性序）。一般来说，在认可票法中，社会选择机制中用于表达选票的语言并不适合构建真实偏好的语言。①因此，尼撒（Nisan）2007年认为如果我们模型偏好和选票作为效用函数（utility functions），而不是作为二元关系，从而增加它们的信息量，在特定的假设下，防策略是可行的。在这一点上，社会选择满足博弈理论机制设计（mechanism

① Endriss U., "Sincerity and Manipulation under Approval Voting", *Theory and Decision*, 2012, pp. 1 - 21.

design)。[①]

第三是寻找投票规则是计算难解的（computationally intractable)。目前已有的防策略投票机制还很不健全，近来国外越来越多的学者关注于用计算复杂性（computational complexity）的理论来研究防策略投票问题，并且它被公认为是一种不错的方法。选举中计算复杂性的研究是富有成效的，使用计算复杂性的方法来保护选举，避免操纵是一项开创性的工作，自从1989年巴斯欧迪（Bartholdi）等点燃了这一火焰之后，基于计算复杂性来保护选举避免操纵已经成为最近的研究热点和难点，所以在此重点进行了梳理研究。

所谓“计算复杂性”就是指：投票者想要通过谎报自己的偏好来操纵选择结果，使选择结果发生有利于自己的变化，那么他首先就面临着如何报出自己的偏好（即表达偏好，而非真实偏好）的问题。如果某种选择机制使找到有利于自己的表达偏好等同于一个完全NP问题[②]，那么操纵者对选择结果的操纵就变得几乎不可能。在这种情况下，称选择规则具有“计算复杂性”。

合理的选举系统在理论上是非常可能被操纵的。然而，逻辑学家们可以使操纵在计算上变成不可行的。使操纵难于计算是一种方法。巴斯欧迪等于1989年提出，一个second - order Copeland投票规则的操纵是NP - hard。巴斯欧迪和奥林（Orlin）于1991年加强了这种方法，通过证明“单一可转移

① Nisan. “Introduction to Mechanism Design (for Computer Scientists)”, In N. Nisan, T. Roughgarden, E. Tardos, and V. V. Vazirani, editors, *Algorithmic Game Theory*, Cambridge University Press, 2007, p. 242.

② NP的英文全称是Non - deterministic Polynomial，即多项式复杂程度的非确定性问题。

投票”（STV）是难于操纵的，是一个 NP 完全问题。[①] 也就是说，STV 选择程序，本身并不具有防策略性而且也不完全满足单调性，但它满足“计算复杂性”条件，因而在实际的选择过程中，要想对 STV 选择程序进行操纵几乎是不可能的，特别是当备选方案的数目和投票者的人数都很多时。早期巴斯欧迪、奥林等对操纵计算复杂性的研究几乎都是关于单投票者操纵，他们的目的就是找到一个操纵，使它是非常难于计算的，那么投票者就会放弃操纵，来表达他们的真实偏好。

接下来，让我们来看看联盟操纵，康尼特泽（Conitzer）等 2007 年对联盟操纵的计算复杂性问题做了详细的研究，他们表明在许多投票规则中，联盟操纵（加权的）是 NP - hard。另外，我们需要明确候选人的确切数字。结果证明，对于大多数投票规则，只要我们有至少 3 或 4 名候选人时，加权联盟操纵就变为 NP - complete。[②]

康尼特泽和桑德勒姆（Sandholm）在一篇有影响力的论文《投票规则的不存在性通常是难以操纵的》（Nonexistence of Voting Rules That are Usually Hard to Manipulate）中表明，投票系统是大量可能权的输入，满足一定条件基础上的操纵—检测算法，至少在同一输入上是正确的。另有一个不同的研究则侧重于分析随机选举的可能性是易于操纵的。在这

① Bartholdi J. J. and Orlin J. B. “Single Transferable Vote Resists Strategic Voting”, *Social Choice and Welfare*, 1991. 8 (4), pp. 341 - 354; Bartholdi J. J., Tovey C. A. and Trick M. A, “The Computational Difficulty of Manipulating an Election”, *Social Choice and Welfare*, 1989. 6 (3), pp. 227 - 241.

② Conitzer V., Sandholm T. and Lang J., “When are Elections with Few Candidates Hard to Manipulate?”, *Journal of the ACM* (*JACM*), 2007. 54 (3), p. 14.

类工作中所使用的标准模型，对于许多选举系统来说，仅仅通过简单地投出随机选票，投票者就能够影响选举的结果，这个可能性是很小的，但也是不可忽略的。

汉姆斯帕纳德拉（Hemaspaandra）等2007年针对加权联盟操纵，提出了一个更漂亮的结果，即二分法定理。给定一个评分规则 $\alpha =(\alpha_1, \cdots, \alpha_m)$，加权联盟操纵是NP - complete。如果 α 满足“不喜欢差异”（diversity of dislike），那么 $\{\alpha_2, \cdots, \alpha_m\}$ 包括至少两个值。另外，加权操纵是P。[①] 汉姆斯帕纳德拉等的证明依赖于一个事实，投票者的选票不以任何方式进行限制，任何投票者可以投出任意可能的选票。然而，如果限制选票，例如通过假设投票者是单峰的，那么二分法成立的条件就变化了。菲利斯威克（Faliszewski）等于2011年，就提出了一个针对单峰投票者，具有3名候选人的二分法的变种。[②]

通过计算复杂性避归Gibbard - Satterthwaite定理是一种很好的方法。然而，美中不足的是，它们都属于最坏情况复杂性（worst - case complexity）的结果，worst - case - hard - to - manipulate投票规则在实践中是容易被操纵的。最近有学者研究操纵的一般情况复杂性（average - case complexity），皮欧克西亚（Procaccia）和罗森施恩（Rosenschein）于2007年已经确立了某些理论性结果，提出了在实践中联盟操纵的

---

① Hemaspaandra E. and Hemaspaandra L. A.，“Dichotomy for Voting Systems”，*Journal of Computer and System Sciences*，2007，73（1），pp. 73 - 83.

② Faliszewski P.，Hemaspaandra E.，Hemaspaandra L. A. et al.，“The Shield That Never was：Societies with Single - peaked Preferences are More Open to Manipulation and Control”，*Information and Computation*，2011，209（2），pp. 89 - 107.

可追踪性（tractability）。[①]

菲利斯威克（Faliszewski）2008 年在他的博士学位论文《选举的操纵：算法和不可行性结果》（*Manipulation of Elections：Algorithms and Infeasibility Results*）中，提出了关于操纵的新模型，并提供了新的方法来研究在选举中操纵的计算复杂性。另外，关于操纵复杂性的开创性论文《操纵选举的计算困难》（*The Computational Difficulty of Manipulating an Election*）提供了一个贪婪的单个投票者操纵算法，后来朱克曼（Zuckerman）等 2009 年证明在联盟操纵上这种算法也适用。朱克曼等人还针对计分规则的极大极小和径流多元性（Maximin and Plurality with runoff）的问题提出了有效的算法，并且分析了它们的窗口错误（windows of error），还给出了一个具体的算法失败的例子。最后，文中讨论了关于使用计算难度（computational hardness）这一流行方法来排除操纵的影响。[②]

菲利斯威克和皮欧克西亚 2010 年综述了二十多年来计算复杂性作为保护选举避免操纵这一问题的研究成果，形式化研究了操纵的可计算性质。[③]鉴于复杂性理论和数理逻辑之间的密切联系，这项工作也促进了逻辑和社会选择理论之间的

---

① Procaccia A. D. and Rosenschein J. S.，"Average – case Tractability of Manipulation in Voting via the Fraction of Manipulators"，*In Proceedings of The Sixth International Joint Conference on Autonomous Agents and Multiagent Systems*，2007，pp. 718 – 720.

② Zuckerman M.，Procaccia A. D. Rosenschein J. S.，"Algorithms for the Coalitional Manipulation Problem"，*Artificial Intelligence*，2009，173（2），pp. 392 – 412.

③ Faliszewski P. and Procaccia A. D.，"AI's War on Manipulation：Are We Winning"，*AI Magazine*，2010，31（4），pp. 53 – 64.

联系。[①] 之后，菲利斯威克等 2011 年继而又提出了计算复杂性可能是避免选举操纵真正的盾牌。[②] 总之，如何设计出合理的、防策略投票的社会选择机制，以杜绝（或防止）社会选择中的操纵行为已是社会选择实践中迫切需要解决的问题，已成为社会选择理论研究的重点和难点。

---

① Endriss U.， "Logic and Social Choice Theory", *Logic and Philosophy Today*, 2011. 2, pp. 333 - 377.

② Faliszewski P.， Hemaspaandra E. and Hemaspaandra L. A.， "Using Complexity to Protect Elections", *Communications of the ACM*, 2010, 53 (11), pp. 74 - 82.

第二章 Gibbard – Satterthwaite 防策略投票不可能性定理的证明

20 世纪 50 年代，肯尼斯·约瑟夫·阿罗（Kenneth J. Arrow）提出了阿罗不可能性定理。这定理表明，当有三个或更多候选人时，没有基于排名偏好的投票系统可能满足一组选定的标准。阿兰·吉伯德和马克·萨特思韦特扩展研究了这个思想，提出了 Gibbard – Satterthwaite 防策略投票不可能性定理，证明了三个或更多候选人时，没有合理的投票系统不被操纵。换句话说，总是会让投票者通过投出一个虚伪的选票而受益。Gibbard – Satterthwaite 防策略投票不可能性定理在防策略投票理论中是非常重要的，在过去的三十年里，有许多关于这个定理的证明。戈登福斯（Gärdenfors，1977）、戴维·施米德勒（Schmeidler）和索南夏因（Sonnenschein，1978）、费尔德曼（Feldman，1979c）、巴贝拉（Barberá，1983）、班诺特（Benoit，2000）、阿伦瓦·塞恩（Arunava Sen，2001）和泰勒（Tayor，2002）等都对这个问题进行过研究。

本章重点讨论 Gibbard – Satterthwaite 防策略投票不可能性定理的证明。首先较为详细地讨论了线性投票和非线性投票下的 Gibbard – Satterthwaite 防策略投票不可能性定理及其属性。然后，从两个不同的角度，分别采用不同的方法，即 Saari 方法和归纳法对防策略投票不可能性定理进行了深入的讨论和证明。最后，对 Gibbard – Satterthwaite 防策略投票不可能性定理的证明进行反思，评介了两种证明方法，给出其理论意义和实践意义。

本章主要参考了泰勒 2005 年的著作《社会选择和操纵的数学》[①] 第一部分和第三部分的内容，唐平中 2010 年的博士学位论文《计算机辅助定理证明的发现——一个新的挑战和它在经济理论中的应用》[②]，以及范·艾克 2011 年的论文《以几何的观点看操纵》[③]。

第一节 Gibbard – Satterthwaite 防策略投票不可能性定理

2005 年，泰勒在其《社会选择和操纵的数学》一书中借用集合论观点和公理化的方法给出了操纵的定义，进而讨论了防策略、Gibbard – Satterthwaite 防策略投票不可能性定理等问题，使其建立在坚实的数学基础之上。在本节中，我们主要论证了线性投票和非线性投票下的 Gibbard – Satterthwaite 防策略投票不可能性定理，并给出相关结论。

---

① Taylor A. D. , *Social Choice and the Mathematics of Manipulation*, Cambridge University Press, 2005, pp. 23 – 58.

② Tang P. , *Computer – aided Theorem Discovery – A New Adventure and its Application to Economic Theory*, PhD dissertation, HKUST, 2010.

③ van Eijck J. , "A Geometric Look at Manipulation", *Computational Logic in Multi – Agent Systems*, 2011, pp. 92 – 104.

一　符号与定义

定义1　集合 A 上的二元关系 R：

自反性	——	$\forall x \in A$	xRx
非自反性	——	$\forall x \in A$	$\neg(xRx)$
对称性	——	$\forall x, y \in A$	如果 xRy，那么 yRx
非对称性	——	$\forall x, y \in A$	如果 xRy，那么$\neg(yRx)$
反对称性	——	$\forall x, y \in A$	如果 xRy 并且 yRx，那么 $x = y$
传递性	——	$\forall x, y, z \in A$	如果 xRy 并且 yRz，那么 xRz
完全性	——	$\forall x, y \in A$	或者 xRy 或者 yRx

定义2（弱序）　如果具有传递性和完全性，那么集合 A 上的二元关系 R 是一个弱序（weak ordering）。

定义3（线性序）　如果具有传递性、完全性、反对称性，那么集合 A 上的二元关系 R 是一个线性序（linear ordering）。

如果 R 是 A 上的一个弱序，那么 R 是完全的就意味着 R 也是自反的。直觉上，一个弱序就意味着有平局的情况，xRy 可以解释为 x 至少像 y 一样好。一个线性序就没有平局的情况。xRy 解释为或者 $x = y$ 或者 x 严格优于 y。

定义4　R 是 A 上的一个弱序，有严格偏好（strict preference）P 和无差异（indifference）I，即 $xPy \Leftrightarrow \neg(yRx)$，$xIy \Leftrightarrow xRy \wedge yRx$。Pi 和 Ii 指第 i 个投票者的严格偏好和无差异性。

定义 5　如果 A 是一个有穷的非空集合（候选人的集合），那么 A－选票（A－ballot）是 A 的一个弱序。另外，如果 n 是一个正整数（N＝{1，…，n} 是投票者的集合），那么（A，n）－意向表（（A，n）－profile）就是一个 A－选票的 n 元组。相似，一个线性 A－选票（linear A－ballot）是 A 的一个线性序，并且一个线性（A，n）－意向表（linear（A，n）－profile）是线性 A－选票的一个 n 元组。

如果 $P=<R_1, \cdots, R_n>$ 是一个（A，n）－意向表，并且 $X\subseteq A$，那么 X 的 P 限制（restriction），记为 $P\mid X$，是一个意向表 $<R_1\mid X, \cdots, R_n\mid X>$。如果 $i\in N$，那么 $P\mid N-\{i\}$ 是意向表 $<R_1, \cdots, R_{i-1}, R_{i+1}, \cdots, R_n>$。

定义 6　假设 P 是一个线性（A，n）－意向表，X 是候选人的集合（$X\subseteq A$），并且 i 是一个投票者（$i\in N$）。那么：

$top_i(P)=x$　当且仅当　$\forall y\in A\ xR_iy$

$max_i(X, P)=x$　当且仅当　$x\in X$ 并且 $\forall y\in x\ xR_iy$

$min_i(X, P)=x$　当且仅当　$x\in X$ 并且 $\forall y\in x\ yR_ix$

由此，可得到 $top_i(P)=max_i(A, P)$ 并且 $max_i(X, P)=top_i(P\mid X)$。

定义 7　A 是非空集合，n 是一个正整数，V 是一个函数，其定义域是所有（A，n）－意向表的集合。得到：

（1）对于每个（A，n）－意向表 P，选举的结果 V（P）是 A 的单个元素，那么 V 是一个单值投票规则（resolute voting rule）。

（2）对于每个（A，n）－意向表 P，选举的结果 V（P）是 A 的一个非空子集，那么 V 是一个投票规则（voting rule）。

(3) 对于每个（A，n）－意向表P，选举的结果V（P）是一个选择函数C，就是对于A的每个非空子集v，找到v的非空子集C（v）。那么V是一个社会选择函数（social choice function）。

(4) 对于每个（A，n）－意向表P，选举的结果V（P）是一个选择函数C，就是对于A的每个非空子集v，找到v的一个单个元素C（v）。那么V是一个单值社会选择函数（resolute social choice function）。

(5) 对于每个（A，n）－意向表P，选举的结果V（P）是A的一个弱序，那么V是一个社会福利函数（social welfare function）。

(6) 对于每个（A，n）－意向表P，选举的结果V（P）是A的一个线性序，那么V是一个单值社会福利函数（social welfare function）。

二　线性投票下的 Gibbard－Satterthwaite 防策略投票不可能性定理

本节中我们仅讨论在单值投票规则下的 Gibbard－Satterthwaite 防策略投票不可能性定理。

定义8　在线性或非线性投票中，如果单值投票规则V是操纵的，则存在一个意向表 $P=(R_1, \cdots, R_n)$，将其看作为n个投票者的真实偏好。并存在一个选票 Q_i，将其看作投票者i的一个虚假选票，令 $P'=(R_1, \cdots, R_{i-1}, Q_i, R_{i+1}, \cdots, R_n)$，我们得到：

$$V(P')\ P_i V(P)$$

如果 V 是没有操纵的，那么 V 是防策略的或防操纵的（non－manipulable）。

其中存在一个问题：对于给定候选人和投票者的集合，到底哪种投票规则是防策略的？在单值投票规则中，我们给出下面两个特殊例子是防策略的：

（1）如果仅存在一个投票者，那么我们可以把这个投票者所选出的最优候选人作为赢家。

（2）如果存在两个候选人和奇数个投票者，那么我们可以使用简单多数（majority）原则。

事实上，在一般的投票选举中，是存在多个候选人和多个投票者的。这时我们可以将其转化为特例（1）的情况，即选择一个特殊的投票者，而忽略其他的投票者。或者我们也可以转化为特例（2）的情况，即选择一对特殊的候选人，而忽略其他的所有候选人。在线性投票的情况下，所有防策略的单值投票规则都是这两种情况的组合。

定理 9（线性投票中的 Gibbard－Satterthwaite 防策略投票不可能性定理） 在线性投票的情况下，n 是一个正整数，A 是三个或三个以上候选人的集合，若对于（A，n）的任意单值投票规则是防策略的和满足帕累托，则必存在独裁。①

我们可以这样考虑，假定投票规则 V 满足帕累托并且是防策略的。我们最关键的目的是如何“找到”投票者 i，事实上，也就是独裁者 i。

① Taylor A. D.，*Social Choice and the Mathematics of Manipulation*，Cambridge University Press，2005，p. 61.

接下来，我们考虑这样一种情况。X 是投票者的集合，对于每个意向表 P 和每对候选人 a、b，如果在 X 中的每个投票者所投出的选票，总有 a 的票数大于 b 的票数，也即更偏好于 a，那么 V（P）≠b。这时我们称 X 是一个“独裁集合”。

我们假设 N 是一个独裁集合，然后我们想找到一个投票者 i，使得 {i} 是一个独裁者集合，其实这就等价于投票者 i 就是一个独裁者。我们可以考虑，如果一个独裁集合可以分裂为两个集合，那么这两个集合中的某个集合，仍是一个独裁集合。我们知道 N 是一个独裁集合，那么它一定存在一个最小集合。

定义 10 如果 X 是投票者的集合，a 和 b 是集合 A 中两个不同的候选人，那么 X 可以使用 a 来压制（block）b，记作 aXb。对于每个意向表 P，如果所有在 X 中的投票者都更偏好于 a，那么 V（P）≠b。在 A 中，对于不同的候选人 a，b，如果 aXb，那么这个集合 X 是一个独裁集（dictating set）。

定义 11 假设对于每个意向表 P，P′是一个从 P 得出并且通过一个投票者将落选的候选人从选票中淘汰而得到的意向表，那么 V（P′）=V（P）。这样的一个单值投票规则 V 满足向下单调性（down - monotonicity）。

注意，如果 V 满足向下单调，并且 V（P）=x，那么 V（P′）=x。接下来，我们给出证明 Gibbard - Satterthwaite 防策略投票不可能性定理所需要的引理。

引理 1 对于每个单值投票规则，如果它满足向下单调性，那么它是防策略的。

证明：假设向下单调性不成立，那么对于单值投票规则

V，存在两个意向表 P 和 P′，和一个候选人 y，使得：

（1）在 P 中，投票者 i 的排列是 y 大于 x，V（P）＝w，并且 w≠y（也就是说，y 是投票者 i 将要向下淘汰的候选人）。

（2）P′不同于 P，仅在于投票者 i 在他的选票中，已经互换了 x 和 y 的位置，并且对于某些 v≠w，V（P′）＝v。

（1）和（2）中的情形可描述如表 2－1 所示。

表 2－1　　选票—赢家

P		P	
选票 i	赢家	选票 i	赢家
y	w≠y	x	v≠w
x		y	

假设有（1）和（2），我们接下来证明这个系统实际上是可被操纵的。

情形一：在 P 中，在投票者 i 的选票中，v 位于 w 之上。

在这种情况下，我们可以把 P 中投票者 i 的选票看作他的真实偏好。这样，如果他提交了真实选票 P，那么 w 就是赢家。虽然相对于 w 来说，他更偏好 v。但是，如果他提交了虚假的选票 P′，那么 v 就是赢家，根据他在 P 中的真实偏好，相对于 w 来说，他更偏好 v。

情形二：在 P′中，在投票者 i 的选票中，w 位于 v 之上。

在这种情况下，我们可以把 P′中投票者 i 的选票看作他的真实偏好。这样，如果他投出了真实选票 P′，那么 v 是赢家。虽然相对于 v 来说，他更偏好 w。但是，如果他提交了虚假的选票 P，那么 w 就是赢家，根据他在 P′中的真实偏好，相对于 v 来说，他更偏好 w。

情形三：否则在这种情况下，在 P 中，在投票者 i 的选票中，w 位于 v 之上，并且在 P′中，在投票者 i 的选票中，v 位于 w 之上。但是，这就意味着 w = y，且 v = x，和我们的假设 y≠w 相矛盾，得证。

在这里，我们需要说明一点，接下来给出的引理，都是假设 V 是单值投票规则，并且满足向下单调性和帕累托。

引理 2（存在引理）　假设 X 是投票者的集合，并且 a 和 b 是两个不同的候选人。那么，为了说明 aXb，我们给出它满足如下的意向表 P：

（1）在 X 中，每个人的排列是 a 位于 b 之上，

（2）其他人的排列是 b 位于 a 之上，

（3）V（P） = a。

证明：假设我们有一个意向表 P，其中，aXb 是不成立的。那么，我们给出另一个意向表 P′，其中每个人的排列是 a 位于 b 之上，并且 V（P′） = b。关于 P′，某些不在 X 中的投票者可能也排列为 a 位于 b 之上，但是因为我们都假定向下单调性，我们可以通过投票者将淘汰的候选人 a 移到 b 之后，得到一个新的意向表 P″，并且有 V（P″） = b。这样，在 P 和 P″中，（1）和（2）都是成立的，得到 V（P） = a，V（P″） = b。

现在，选择一个候选人 c，它是不同于 a 和 b 的，并且每个投票者将 c 移到他们选票序列的最低端。由向下单调性，我们得到在第一个选举中，赢家还是 a。在第二个选举中，赢家还是 b。现在选出一个候选人 d，它不同于 a，b 和 c。同样，我们重复上面的行为，最终得到两个选举有相等的选票

序列，并且候选人 a 在第一个选举中胜出，b 在第二个选举中胜出。这是矛盾的，得证。

引理 3（分裂引理）　假设 X 是投票者的集合，A 是候选人的集合，a、b 和 c 是 A 中不同的候选人。设 aXb 和 X 可以分裂为不相交的子集 Y 和 Z（其中一个可能是空集），那么得到 aYc 或者 cZb。

证明：对于任意的意向表 P，其中，Y 中的每个投票者的排序为：a、b、c，在 Z 中，每个投票者的排序为：c、a、b；其他的投票者的排序为：b、c、a。如表 2－2 所示。

表 2－2　　**意向表** P

Y 中的投票者的选票	Z 中的投票者的选票	N—X 中的投票者的选票
a	c	b
b	a	c
c	b	a
.	.	.
.	.	.
.	.	.

根据帕累托，我们有 V（P）∈｛a，b，c｝。另外，假设 aXb，得到 V（P）≠b，并且在 X＝Y∪Z 中，每个人的排序是 a 位于 b 之上。由存在引理，表明如果 V（P）＝a，那么 aYc，并且如果 V（P）＝c，那么 cZb。

引理 4　假设 X 是投票者的集合，a、b 和 c 是 A 中的三个不同的候选人。那么有

（1）如果 aXb，那么 aXc，

（2）如果 aXb，那么 cXb。

证明：我们要注意在分裂引理中，我们允许 Y 和 Z 是空

集。因为，帕累托成立，所以，不能出现 a∅b。令 Y = N 并且 Z = ∅，Y = ∅并且 Z = N，根据分裂引理，得到（1）和（2）的结论。

引理 5　假设 X 是投票者的集合，并且对于某些 a 和 b，aXb 成立，那么 X 是一个独裁集合。

证明：现设 x 和 y 是不同的候选人。我们表明 xXy 一定成立。

情形一：y≠a

因为 aXb 和 y≠a，我们由上面的引理 4（1）得到 aXy。又因为 x≠y，得到 xXy。

情形二：x≠b

因为 aXb 和 x≠b，我们由引理 4（2）得到 xXb。因为 y≠x，我们由引理 4（1）得到 xXy。

情形三：y = a 并且 x = b

因为 A 有三个或更多的元素，我们能选择 c，它不同于 a 和 b。因为 aXb，我们由引理 4（1）得到 aXc，并且由引理 4（2）得到 bXc。最后，由引理 4（1）表明 bXa，从而得到 xXy。得证。

引理 6　如果 X 是一个独裁集合，并且 X 可裂为两个不相交的子集 Y 和 Z，那么，或者 Y 是一个独裁集合，或者 Z 是一个独裁集合。

证明：如果 a、b 和 c 是任意三个不同的候选人，因为 X 是一个独裁集合，我们有 aXb。由分裂引理，得到或者 aYc 或者 cZb。又由引理 5，得到 Y 是独裁集合，Z 是另一种情形下的独裁集合。得证。

引理 7　如果 X 是一个独裁集合，那么存在一个投票者

i∈X，使得｛i｝是一个独裁集合。特别是，因为 N 是一个独裁集合，所以存在一个投票者，对于 V 来说，他就是独裁者。

证明：由引理 6 可证。

到此，我们终于“找到”了独裁者 i，从而完成了 Gibbard – Satterthwaite 防策略投票不可能性定理在线性投票下的证明。接下来，我们还要给出两个和 Gibbard – Satterthwaite 防策略投票不可能性定理相等价的结论。第一个结论将帕累托替换为非强加的。第二个结论给出了在非单值投票规则下的 Gibbard – Satterthwaite 防策略投票不可能性定理。

结论 1　在线性投票下，存在三个或三个以上的候选人，一个投票规则是防策略的、非强加的和单值的，当且仅当它是独裁的。

证明：一个投票规则是独裁的，很明显它是防策略的，非强加的，并且是单值的。相反，如果 V 是防策略的，非强加的，并且是单值的，那么 V 满足帕累托。

假设矛盾，帕累托不成立并且令 P 是一个意向表，其中每个投票者的排序是 a 位于 b 之上，V（P）＝b。因为 V 是防策略的，所以满足向下单调。因此，每个投票者选择 a 作为他的首选票。

因为 V 是非强加的，我们可以选择一个意向表 P′，有 V（P′）＝a。然后，用 P′替换 P 中的选票。在 P 中，投票者 i 的选票替换为在 P′中的选票，投票者 2 在 P 中的选票也替换为在 P′中的选票，以此类推。在这一点上，选举的结果在第一时间变为 a。如果最后改变选票的是投票者 i，那么我们能假定他最初的选票代表他的真实偏好，但是他投出了虚假的选票改变了结果，这就是一个操纵的例子，得证。

结论2 在线性投票中，存在三个或多于三个候选人，对于（A，n），非独裁的每个非强加的投票规则（不一定是单值规则）是可操纵的。在这个意义上，存在一个意向表P和P′，和一个投票者i，使得$P|N-\{i\}=P'|N-\{i\}$，并且投票者i的真实偏好在P中已经给定，相对于P中的选举结果Y，他更偏好于P′中的选票结果X，如下：

$$\max_i(X-Y, P)\ P_i \min_i(Y, P)$$

$$或者\ \max_i(X, P)\ P_i \min_i(Y-X, P)$$

证明：假设V是一个非强加的投票规则（不一定是单值的），并且是非独裁的。对于线性序L和候选人集合A，令V′是一个单值投票规则，其中V′（P）是V（P）中唯一的L－最大元素。很明显，V′是非强加的，且不是独裁的，所以V′是操纵的。这样，就存在一个选举，其中某些投票者，他们选票的排序是x位于y之上，可以通过提交一个虚假的选票来单方面改变选举的结果，使其选票的排序变为y位于x之上。关于V，它包括y的真实选票的赢家集合Y和包括x的虚假选票的赢家集合X。进一步说，我们不能同时在$X\cap Y$中有x和y。

如果$x\notin Y$，那么

$$\max_i(X-Y, P)\ R_i\ XP_iy\ R_i\ \min_i(Y, P)$$

如果$y\notin X$，那么

$$\max_i(X, P)\ R_i\ XP_iy\ R_i\ \min_i(Y-X, P)$$

三　非线性投票下的 Gibbard – Satterthwaite 防策略投票不可能性定理

定义 12　在非线性投票的情况下，V 是单值投票规则，如果每个选举的唯一赢家是候选人的最优选票，那么一个投票者就是一个弱独裁者。如果存在一个投票者，他是 V 的弱独裁者，那么 V 就是弱独裁规则。

定理 1（非线性投票下的 Gibbard – Satterthwaite 防策略投票不可能性定理）　在非线性投票下，n 是一个正整数，A 是三个或多于三个候选人的集合，若对于（A，n）的任意单值投票规则是非强加的，并且是防策略的，则必是弱独裁的。满足非强加的和防策略的任意单值投票规则（A，n），是弱独裁关系。①

证明：令 V′是 V 对于线性投票的限制。很明显 V′是防策略的。另外，V′满足一致性。所以，假设矛盾，P 是一个意向表，其中每个投票者有一个线性投票，在顶端有相同的候选人 x，并且 V（P）≠x。选择一个意向表 P′，可能是平局的情况，使得 V（P′）＝x。现在，对于线性投票的意向表 P，将其改变为 P′，直到 x 变为赢家。选票的最后改变代表 V 的一个操纵，因为投票者 i 的真实偏好已经在 P 中给定。

根据结论 1，可以得出 V′是一个独裁关系。这样，我们可以假定，如果选票是线性的，那么投票者的最优选择是唯一的赢家。我们称投票者 i 是 V 的一个弱独裁。

---

① Taylor A. D.，*Social Choice and the Mathematics of Manipulation*，Cambridge University Press，2005，p. 68.

假定投票者 i 不是 V 的一个弱独裁者。那么存在一个意向表 P，其中 V（P）=x，但是 x 不在候选人之间，投票者 i 已经和他的最优选择绑定。在 P 中，把 x 移到每个其他选票之前，所以 x 是顶端，即为赢家。这样的一个移动可能代表一个成功的操纵。相似的，我们能打破所有的平局，x 仍是赢家。最后，我们能打破投票者 i 选票中的所有平局，排在顶端的候选人即为赢家。这样，如果最初选票代表投票者 i 的真实偏好，那么他已经由打破平局的虚伪选票改变。这就完成了证明。

四　一些结论

命题 1　假设 A 有三个或更多的元素，β是 A 上的一个非自反的二元关系，则对于任意三个不同的候选人 a、b、c ∈A，满足下面的关系：

（1）如果 aβb，那么 aβc，

（2）如果 aβb，那么 cβb。

然后，我们得到$\beta=\varnothing$或者$\beta=AxA-\Delta$，其中$\Delta=\{(a,a): a\in A\}$。

证明：假设$\beta\neq\varnothing$，a，b∈A 使得 aβb。我们令（x，y）∈ AxA－Δ。表明（x，y）∈β。

情形一：$y\neq a$

因为 aβb，我们由（1）可得 aβy。又因为 $x\neq y$，利用（2）得到 xβy 和（x，y）∈β。

情形二：$x\neq b$

因为 aβb，我们由（2）可得 xβb。又因为 $y\neq x$，利用（1）得到 xβy 和（x，y）∈β。

情形三：y = a 并且 x = b

因为 A 有三个或多于三个的元素，我们能选择 c 不同于 a 和 b。又因为 a βb，我们由（1）得到 a βc，由（2）得到 b βc。最后，由（1）得到 b βa 和 x βy。因此，得到（x，y）∈β，得证。

命题 2　假设对于每个集合 X⊆N，我们有一个非自反的二元关系，记为 X，在集合 A 中，有三个或多于三个的候选人。在候选人 A 中，如果对于每个不同的序对 a 和 b，有 aXb，那么我们说集合 X⊆N 是一个独裁集合。假设集合 N 本身是一个独裁集合，且对于每个 a 和 b，a ∅b 不成立。

假设下面的条件成立：

分裂条件：如果 aXb，c 不同于 a 和 b，那么 x 分成 y 和 z，其中 y 和 z 是不相交的集合（其中一个可能是空集），得到 aYc 或者 cZb。

那么对于每个独裁集合 X，存在一个 i∈X，使得｛i｝也是一个独裁集合。

证明：对于候选人的某个序对 a 和 b，如果 aXb，那么 X 是一个独裁集合。据此，在分裂条件下，分别令 Y = ∅，Z = ∅。对于 a 和 b 来说，我们不能得到 a ∅b。

在命题 1 中，假设在二元关系 X 上是满足的。这样，对于 每个 a 和 b 来说，aXb 不成立，X 是一个独裁集合。

如果 X 是一个独裁集合，那么我们能选择 Y⊆X 作为一个非空独裁集合，它是 X 的所有子集中最小的集合。如果 Y 不是一个单个元素，那么我们可以再次利用分裂条件，得到 Y 子集就是一个独裁集合。与 Y 的最小性相矛盾。得证。

下面，我们再给出三个定理，前提条件都设为线性投票，有三个或多于三个的候选人并且聚合过程都是单调的。

定理2 假设在线性投票下，有三个或多于三个的候选人，V是单调投票规则，如果满足如下条件：

（1）帕累托：如果每个人的排序是a位于b之上，那么b不是赢家。

（2）CIIA：如果a是一个赢家，b不是一个赢家，并且选票被改变了，但是a位于b之上的排序不变，反之亦然。那么，在新的选举中，b仍是一个赢家。

那么，V是单值的并且存在一个独裁者。

证明：对于X⊆N，a，b∈A，有aXb。对于每个意向表P，在X中每个人的排序为a大于b，b∉V（P）。接下来，我们给出下面的两个断言：

断言1：假设存在一个意向表P，在X中的每个人有a位于b之上的排序，不在X中的每个人有b位于a之上的排序，并且a∈V（P），b∉V（P）。从而得到aXb。

证明：假设矛盾，aXb不成立。那么我们有一个意向表P′，其中，在X中的每个人有a位于b之上的排序，并且b∉V（P′）。根据V的单调性，我们假定，在P′中，不在X中的每个人有b位于a之上的排序。但是现在我们可以改变在P中的选票，使得在P′中，它们是相等的。通过CIIA，得到b仍是一个非赢家。这和断言1相矛盾。

断言2：如果aXb，并且c和a与b不同，那么x分成y和z，其中y和z是不相交的集合（其中一个可能是空集），我们得到，或者aYc，或者cZb。

证明：考虑下面的意向表P，如表2-3所示：

表2－3　　**意向表** P

Y	Z	N—X
a	c	b
b	a	c
c	b	a

由帕累托，赢家在 a、b 和 c 之间。因为 aXb，b 不是一个赢家。如果 c 是一个赢家，那么由存在引理，得到 cZb。如果 c 不是一个赢家，那么 a 必然是一个赢家。这样，由存在引理，得到 aYc，断言 2 得证。

注意帕累托意味着对于每个 a 和 b，有 aNb。但是和 CIIA 一起，意味着对于每个 a 和 b，a ∅b 不成立（特别是，如果每个人选择 b 作为其最优选票，那么 b 就是唯一的赢家）。根据命题2，存在一个投票者 i，对于每个 a 和 b，使得 a {i} b。很明显，这意味着选举的赢家总是投票者 i 的最优候选人。由此，定理 2 得证。

定理 3　假设在线性投票下，有三个或多于三个的候选人，V 是单调社会福利函数，满足如下：

（1）帕累托：如果每个人的排序是都是 a 位于 b 之上，那么 a 位于 b 之上的排序就是最后的序列。

（2）无关事件独立性（IIA）：如果在最后的排序是 a 位于 b 之上，且选票被改变，但是 a 位于 b 之上的排序不变，反之亦然。那么，在新的选举中，a 仍然位于 b 之上。

那么 V 是单值的并且存在一个独裁者。

证明：对于 X⊆N，a，b∈A，如果在最终的序列中，a 是位于 b 之上的，那么可得 aXb。接下来，我们给出下面的两个断言：

断言3　假定存在一个意向表P，其中，在X中的每个人有a位于b之上的排序，不在X中的每个人有b位于a之上的排序，并且在最终排列V（P）上，a是位于b之上的。从而得到aXb。

证明：假设矛盾，aXb不成立。那么我们有一个意向表P′，其中在X中的每个人有a位于b之上的排序，但是在最终的列表V（P′）中，a没有位于b之上。由V的单调性，我们假定，在P中，不在X中的每个人有b位于a之上的排序。但是现在我们可以改变在P中的选票，使得在P′中，他们是相等。通过CIIA，得到在最终排列中，a还是位于b之上的。这和断言3相矛盾。

断言4　如果aXb，并且c和a与b不同，那么x分成y和z，其中y和z是不相交的集合（其中一个可能是空集），从而得到，或者aYc，或者cZb。

证明：考虑意向表P，如表2－3所示。

由帕累托，在最终排序中，a、b和c都是位于所有其他候选人之上的。又因为aXb，所以在最终排序中，a位于b之上。如果在最终排序中，c位于b之上，那么由存在引理，得到cZb。如果在最终排序中，c没有位于b之上，那么在最终排序中，a位于b之上（因为在最终排序中，a位于b之上，b位于c之上或者等于c）。这样，由存在引理，得到aYc，断言4得证。

注意帕累托不仅意味着对于每个a和b，有aNb，而且对于每个a和b，a∅b不成立。根据命题2，存在一个投票者i，对于每个a和b，使得a｛i｝b成立。这就意味着最终排序和投票者 i 的选票是相等的。由此，定理 3 得证。

定理 4　在线性投票下，有三个或多于三个的候选人，假定 V 是单调社会选择函数且满足传递理性，满足如下：

（1）帕累托：如果每个人的排序都是 a 位于 b 之上，那么 a 位于 b 之上的排序就是最后的序列。

（2）无关事件独立性（IIA）：如果在最后的排序是 a 位于 b 之上，并且选票被改变，但是 a 位于 b 之上的排序不变，反之亦然。那么，在新的选举中，a 仍然位于 b 之上。

那么 V 是单值的并且存在一个独裁者。

证明：因为我们假定传递理性，所以社会选择函数 V 是一个社会福利函数。因此，我们由定理 3 很容易得到定理 4。得证。

第二节　Gibbard - Satterthwaite 防策略投票不可能性定理的 Saari 方法证明

本节开始对 Gibbard - Satterthwaite 防策略投票不可能性定理进行较深入的讨论。主要是运用目前较新的 Saari 方法，从新的视角，对防策略投票不可能性定理进行了新的论证。我们限制在三个候选人的选举系统，这样做可以使我们的讨论有更直观的自由。

一　预备知识

令 A 是事物的有穷候选人的集合，并且 $|A|>2$。一个 A - 选票（A - ballot）是 A 的一个线性序列。令 $\{1, \cdots, n\}$ 是投票者的集合。（A，n）- 意向表（（A，n）- profile）是 A－选票的一个 n－元组。一个（A，n）－意向表 P，可以写作（$>_1$，…，$>_n$）。$>i$ 是意向表（$>_1$，…，$>_n$）的第 i 个元素，也就是投票者 i 的选票。给定 >，我们使用 < 表示 $\{(x, y) \mid y > x\}$，≥表示 $\{(x, y) \mid x > y \vee x = y\}$，≤表示 $\{(x, y) \mid x < y \vee x = y\}$。

令 P（A）是所有（A，n）－意向表的集合，给定的 n ∈N，函数 V：P（A）→A 是 A 的一个单值投票规则。函数 V：P（A）→℘＋（A）是 A 的一个投票规则。具有 V（P）（v）⊆v 属性的函数 V：P（A）→℘＋（A）→℘＋（A）表示 A 的一个社会选择函数。令 ord（A）是 A 的所有线性序的集合，函数 V：P（A）→ord（A）是 A 的一个社会福利函数。

定义 1 令 $P \sim_i P'$：表示 P 和 P′仅在投票者 i 的选票中不同。如果 $P \sim_i P'$，意味着 $V(P) \geq_i V(P')$，那么一个单值投票规则 V 是防策略（strategy－proof）或防操纵（non－manipulable，简记为 NM）的。

注意在 P 中，“投票者 i 所偏爱的”可被表示为 $>_i$，并且在 P′中，“投票者 i 所偏爱的”被表示为 $>'_i$，如果改变选票，即从 $>_i$ 变为 $>'_i$，要比坚持使用 $>_i$，能得到更好的结果，那么这个投票规则就可能会存在策略投票。

定义 2 如果任意候选人可能是一个赢家，即 $\forall a \in A \exists P: a \in V(P)$，那么这个投票规则 V 是非强加的（non－imposed，简记为 NI）。

这里我们要使用一种较弱的属性。如果至少三个结果是可能的，即 $|\{x \mid \exists P: V(P) = x\}| \geq 3$，那么一个单值投票规则 V 是弱非强加的（weakly non－imposed）。

定义3　如果存在某些 k，使得 V：P（A）→A，且映射任意 P 到 $>_k$ 排序的顶端，那么单值投票规则 V 是独裁关系（dictatorship）。

定义4　对于 V 和 P，如果存在某些 P′，具有 $P \sim_i P'$ 且 V（P）≠V（P′），那么这个投票者 i 是有效的或关键的（effective）。

下面就是著名的“Gibbard－Satterthwaite 防策略投票不可能性定理”：

定理1（Gibbard－Satterthwaite 防策略投票不可能性定理）　任意单值投票规则为防策略的（NM）和非强加的（NI），必存在一个独裁者。

越重要的定理，就越难以解释它为什么是真。Gibbard－Satterthwaite 防策略投票不可能性定理就是非常重要的。下面，我们将给定一种新的方式来反映这条定理，即用 Saari 三角的方法来分析和证明它。

二　Saari 方法

简单来说，Saari 开创的初等几何方法就是用一个正三角形的三个顶点表示三个候选人，即 c_1、c_2、c_3，则三角形 abc 中的一点到三个顶的距离表示选举理论中的偏好，也即“越近越佳”。这样，用三条垂直平分线将此三角形分成六个小三角形，从而得到所要的六个投票人的偏好型，而一张偏好表就可用六个小三角形中的表示投票人个数的数 p'_1，…，p'_6 来表达，而 $\sum_{i=1}^{6} p'_i = p$ 来表投票总人数。

下面我们来详细说明，如果投票者 i 改变他的投票，即

从 $>_i$ 到 $>'_i$，那么这种变化可以分解为一个相邻的换位序列。例如，从 abcd 到 cbad 的改变，可以分解为：

$$abcd \to bacd \to bcad \to cbad$$

首先是将 a 和 b 换位，然后 c 和 a，最后是 b 和 c。

从 x 优于 y 的情境过渡到 y 优于 x 的情境，也即从…xy… 转换为…yx…我们称这样的一个毗邻换位为 x：y 过渡。

从几何上看，一个 x：y 过渡就是横越一条线，也即从 x 优于 y 的集合中，横越到 y 优于 x 的选票区域中。

每一个投票者对 n 个候选人都有一个偏好排序，因此，n 个候选人就有 n！种偏好排序，对三个候选人有六种偏好排序。

例子 1　假设有三个候选人，图 2－1 就是 Saari 三角形的分析图。方法很明确，六种偏好排序分别为：（1）a > b > c（类型 1），（2）a > c > b（类型 2），（3）c > a > b（类型 3），（4）c > b > a（类型 4），（5）b > c > a（类型 5），（6）b > a > c（类型 6）。

越接近一个区域的顶点，越偏好于这个顶点。现在六个区域代表六种投票类型。标志为 1 的小三角形离 a 顶点最近，离 c 顶点最远，所以这个区别代表 a > b > c 的投票者。注意，随着三角形区域的改变，二元偏好也相应地变化。例如，在从区域 1 跳到区域 2 中，b > c 也变为 c > b。

从几何上看，$P \sim iP'$ 代表一个投票者 i，从三角形中的一个区域移动到另一个区域，从而来改变其投票类型。

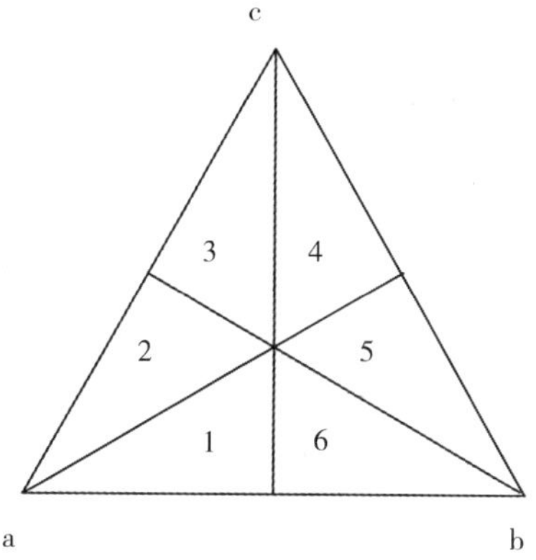

图 2－1　Saari 三角

三　Gibbard－Satterthwaite 防策略投票不可能性定理的 Saari 方法证明

过渡引理是很重要的，也是我们证明下面有效引理的主要工具，需要注意的是，过渡引理对于任意多个候选人都成立。

令 $P \approx_i P'$表示 $P \sim_i P'$，并且 $>_i$ 和 $>'_i$ 是通过毗邻换位而联系。对于 x、y，一个毗邻换位就是从…xy…转换为…yx…

过渡属性（CP）：如果 $P \approx_i P'$，那么 V（P）＝V（P′）或者 V（P）＝x 并且 V（P′）＝y，其中，$>_i$ ＝…xy…，并且 $>'_i$ ＝…yx…

引理 1（过渡引理）　令 V 是 NM，$P \approx_i P'$，使得 $>_i$ 到 $>'_i$ 是通过 x 和 y 的相邻换位而联系的。那么 V（P）≠V（P′）就意味着 V（P）＝x，V（P′）＝y。简言之，如果 V 是 NM，那么 V 有 CP。

证明：令 $P \approx_i P'$，$>_i$ ＝…xy…，$>'_i$ ＝…yx…。也就是说，$>_i$ 到 $>'_i$ 是通过 x 和 y 的相邻换位而联系的。假设 V（P）≠V（P′），必须表明 V（P）＝x 且 V（P′）＝y。通

过 NM，我们得到 V（P）$\geqslant_i$V（P′）且 V（P）$\leqslant_i$′V（P′）。因为两个序列的不同仅在于 x 和 y 的位置，并且 x 和 y 是毗邻的。因此，得到 V（P）＝x 且 V（P′）＝y。

从 Saari 三角形上看，是通过毗邻换位来改变其位置。从图 2－2 中，我们可以看到 a～b 区域的划分如下：

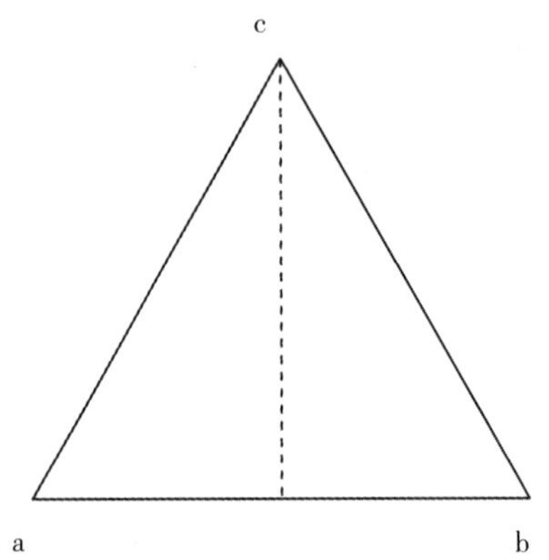

图 2－2　a～b：a 和 b 区域之间的分界线

当从 a 区域越过分界线，进入 b 区域时，投票相应地也改变从 a 到 b，反之亦然。

同样地，b～c 区域的过渡划分如图 2－3 所示。

当从 b 区域越过分界线，进入 c 区域时，投票也相应地变为从 b 到 c，反之亦然。

最后，对于 a～c 分界的结果如图 2－4 所示。

通过以上说明，我们得到下面的推论：

推论 1　在 x～y 分界中，从 x 区域到 y 区域（也就是一个 x：y 过渡），唯一允许的值变化是从 x 到 y。

上文已经给出，如果存在某些 P′，P $\sim_i$P′并且 V（P）≠ V（P′），那么投票者 i 是有效的。进而，我们得到下面的引理。

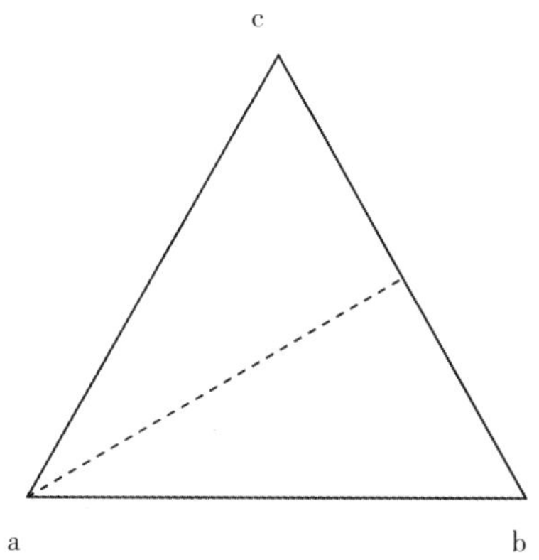

图 2－3 b～c：b 和 c 区域之间的分界线

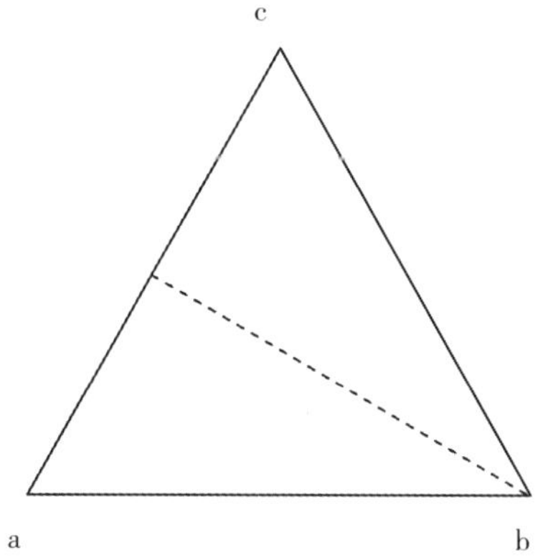

图 2－4 a～c：a 和 c 之间的分线

引理 2（有效引理） 如果 V 是 NM 并且 NI，i 对于 P 是有效的，那么在 P 中，V（P）是 i－选票的顶端。

证明：假设 V 是 NM 并且 NI，那么通过过渡引理，V 有 CP。

假定对于 P 来说，i 有效。那么 V（P）$<_i x$，其中 x 是在 P 中 i 投票的顶端。

因为 i 是有效的，存在意向表 P′，其中 P $\sim_i$ P′ 并且 V（P）≠ V（P′）。由 NM，得到 V（P）$>_i$ V（P′）。

令 y = V（P）并且 z = V（P′）。那么在 P 中 i – ballot 有模式 $x\cdots\dot{y}\cdots z\cdots$,其中, $\dot{y}$ 是指 y 是投票的结果。现在改变 P 中的所有投票，同时，保持 x，y，z 的顺序不变。令结果是 Q。通过 CP，我们得到 V（Q） = V（P） = y。所以 i – 选票和在 Q 中投票的结果由 $x\dot{y}z$ 给定。

通过 CP，对于投票者如何能改变相关选票的唯一一致排列是由下面的式子给定的，即 $x\dot{y}z \approx_i x\dot{z}y \approx_i \dot{z}xy \approx_i \dot{z}yx \approx_i \dot{y}zx \approx_i \dot{y}xz$（$\approx_i x\dot{y}z$）。参见图 2 – 5。

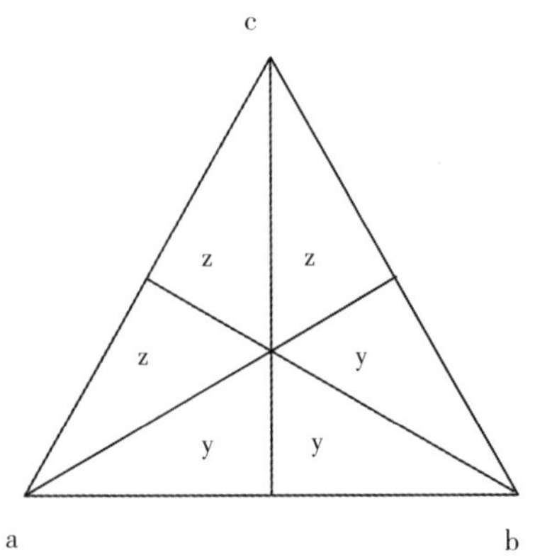

图 2 – 5　yz 排列

假设某些投票者 j 也可以影响选票。那么所有 j 能做的就是使投票转向 x。这件事的唯一方法是将 x 移动到选票的顶端。这个选票可以通过毗邻换位而改变。根据过渡引理，j 的做法是：将 zxy 移到 xzy，使投票从 z 转换到 x，从 zyx 移到 zxy，使投票从 z 转换到 x，从 yxz 移到 xyz，使投票从 y 转换到 x，从 yzx 移到 yxz，使投票从 y 转换到 x。参见图 2 – 6。

我们也可以这样看，在 Q 中，i 最喜欢的候选人是 x。现在令所有其他投票者改变他们的投票，依次，通过向上移动 x，不改变 y 和 z 的顺序。那么通过 NI，存在 j，R，R_1，满

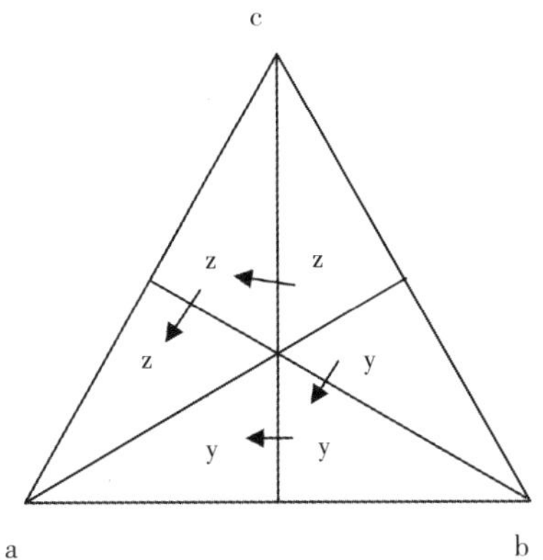

图 2－6 转换

足 $R \approx_j R_1$，V（R）=V（Q）=y，并且 V（R_1）=x。

假定 i 在 R 中无效，在 R 中，令 R′是改变 i－选票从 xyz 到 xzy 的结果。在 Q 中，令 Q′是改变 i－选票从 xyz 到 xzy 的结果。那么 V（Q′）=z，V（R′）=y。这与 CP 矛盾。对于 R′可以通过毗邻换位改变选票到达 Q′，并且不影响 y 和 z 的相关顺序，所以 i 在 R 中是有效的。

因为 $R \approx_i R_1$，对于选票 j 如何改变，就会出现两个可能：$\dot{y}xz \xrightarrow{j} \dot{x}yz$ 和 $z\dot{y}x \xrightarrow{j} z\dot{x}y$。如图 2－7 所示。

可见，在所有的情形中，$x\dot{y}z \approx_i x\dot{z}y$ 和过渡引理相矛盾。其他的两种情况也是如此。因此，x 不能被强加，这和 NI 相矛盾。得证。

定理 2（Gibbard – Satterthwaite 定理） 任意单值投票规则是 NM 和 NI，则必存在独裁者。[①]

证明：令 V 是一个单值投票规则，并且是 NM 和 NI，通

① van Eijck J.，A Geometric Look at Manipulation，*Computational Logic in Multi – Agent Systems*，Springer Berlin Heidelberg 2011，p. 97.

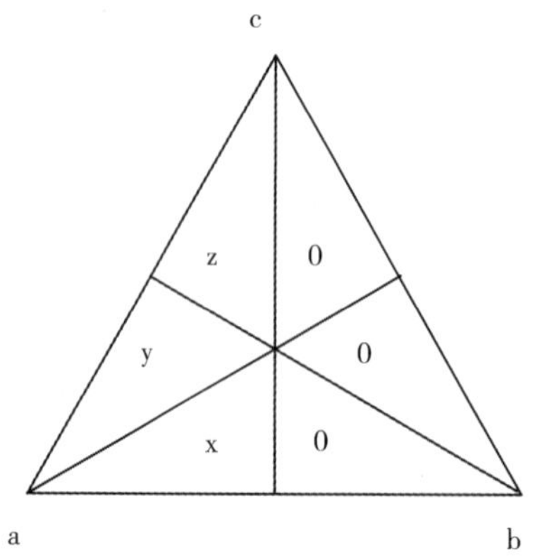

图 2－7　示例

过 NI，使得 i 对于 P 是有效的。假设存在另一个对于 P 的有效投票者 j。通过有效引理，对于每个 P′，$P \sim_i P'$，i 决定投票。并且对于每个 P″，$P \sim_j P''$，j 决定投票。

令 Q 是 i 和 j 改变他们选票的结果，i 对应它的选票 P′，j 对应它的选票 P″。如图 2－8 所示。

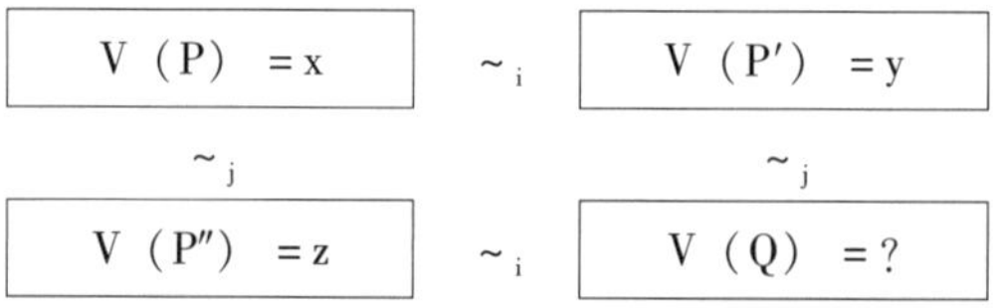

V（P）＝x	$\sim_i$	V（P′）＝y
$\sim_j$		$\sim_j$
V（P″）＝z	$\sim_i$	V（Q）＝?

图 2－8　Gibbard－Satterthwaite 定理

假定 V（Q）≠ V（P′），那么在 P′中，j 是有效的。通过有效引理，在 P′中，V（P′）应该等价于 j 的偏爱，但是并非如此。因此 V（Q）＝V（P′）。相似的，在 P″中，i 是有效的。通过有效引理，在 P″中，V（P″）应该等价于 i 的偏爱，但是并非如此。矛盾。

对于 P 来说，i 是唯一有效的投票者。令 R 是任意的意向表，R_0 是所有投票者的结果，除了 i 改变他的选票 P 为选票 R，这个投票并没有改变，并且在 R_0 中，i 仍是唯一的有效投票者。从而得到，在 R 中，i 决定投票的结果。所以，对于任意的意向表，i 是唯一有效的投票者，因此，i 是独裁者。

四 其他相关属性

定理 3 对于任意满足 NM 的单值投票规则 V，V 满足帕累托当且仅当满足 NI。

证明：⇒我们将表明满足 NM 但是不满足帕累托的任意单值投票规则 V，是强加的。

假设 V 满足 NM，但是不满足帕累托。那么存在一个意向表 P，其中每个 a 是位于 b 之上的，但是 V（P）＝b。

检查类型变为空白域，顺时针移动，决不能产生一个不同于 b 的 V－值。所以 V 是强加的（事实上，除了 b 没有其他结果）。

⇐：令 V 满足 NM 和帕累托。假设矛盾，V 是强加的，例如，对于任意意向表 P，V（P）＝x 或者 V（P）＝y。因为，我们假定｜A｜＞2，所以存在某个 z 不同于 x 和 y。考虑某个 P，V（P）＝x。除了 x、y、z，向下移动任意候选人，称这个结果为意向表 Q。由帕累托，V（Q）＝x。通过移动 z 到选票的顶端，Q′是所有投票者改变他们选票的结果。那么由帕累托，V（Q′）＝z，这和我们假设的 V 是强加的相矛盾。得证。

定理 4 如果 V 是 NM，那么 V 是单调的。

定理 5 如果 V 是单调的，那么 V 是 NM。

证明：假定 V 是单调的。假设矛盾，V 是可被操纵的。

那么必存在一个序对 $P\sim_i P'$，使得 $V(P)>_i V(P)$。因为任意投票的改变可以被分解为毗邻换位，则必存在一个序对，$P\sim_i P_i$，$V(P')>_i V(P)$，使得一个毗邻换位 $>_i$ 和 $>_i'$ 相联系。令 $V(P')=a$，$V(P)=b$。那么 $>_i=\alpha ab\beta$，$>_i'=\alpha ab\beta$。由单调性，通过将 a 移到 b 之上，将 $>_i'$ 变为 $>_i$，这不会改变投票，与 $V(P)=b$ 相矛盾。得证。

定理 6（Muller – Satterthwaite 定理）　任意单值投票规则 V 是单调的并且满足帕累托，则必为独裁的。

证明：令 V 是一个满足单调性和帕累托的单值投票规则，那么由定理 5，得到 V 是 NM。由定理 3，得到 V 也是 NI。由定理 2，得到 V 是独裁的。

第三节　Gibbard – Satterthwaite 防策略投票不可能性定理的归纳法证明

一　归纳法记号

为了易于说明，我们给出下面的符号记法。

• 对于任意集合 S，我们以 S_{-a} 记为集合 $S\setminus\{a\}$，例如，在 S 中删掉 a 的结果。

• 对于 $t=(t_1,\cdots,t_n)$ 有下面的记号：

$t_{-i}=(t_1,\cdots t_{i-1},t_{i+1},\cdots,t_n)$；$(t_{-i},s)=(t_1,\cdots,t_{i-1},s,t_{i+1},\cdots,t_n)$；$t_{-\{i,j\}}=(t_{-i})_{-j}$

• 设 $>$ 是 O 中的线性序，对于 $a\in O$，令 $>_{-a}$ 为 $>$ 在 O_{-a} 上的限制，则

$$\forall a',a''\in O_{-a},\ a'>_{-a}a''\Leftrightarrow a'>a''$$

另一方面，若对 $a\in O$，$>$是O_{-a}上的线性序，则令$>^{+a}$为$>$在 O 上的扩张，使得对于$\forall a'\in O_{-a}$，$a'>^{+a}a$。相似的，令$>^{a+}$为$>$在 O 上的扩张，使得对于$\forall a'\in O_{-a}$，$a>^{a+}a'$（可以将 a 放入序中任意位置，但具体做法总是将 a 放在末序位）。这样，如果$>$是 O 的一个线性序，并且 $a\in O$，那么$>_{-a}^{+a}=(>_{-a})^{+a}$，即将 a 移动至末序位。上述记号可以扩充至多重序，这样，若$>$为（N，O_{-a}）的偏好意向表，则有

$$>^{+a}=(>_1,\cdots,>_n)^{+a}=(>_1^{+a},\cdots,>_n^{+a})$$

此为（N，O）上的偏好意向表。

二　Gibbard－Satterthwaite 防策略投票不可能性定理的归纳法证明

具体说来，就是先用下面的两个引理证明一个结论：如果 Gibbard－Satterthwaite 防策略投票不可能性定理对两个投票人和三个候选人的情形成立，则对任何一般情况，Gibbard－Satterthwaite 防策略投票不可能性定理都成立。

证明的思路：就是由错误引理（n，m＋1）→错误引理（n，m），然后验证错误引理（n，m）不满足，从而推出错误引理（n，m＋1）不满足，从而证明特殊情形的 Gibbard－Satterthwaite 防策略投票不可能性定理成立，也即如果 Gibbard－Satterthwaite 防策略投票不可能性定理对两个投票人和三个候选人的情形成立，则对任何一般情况，Gibbard－Satterthwaite 防策略投票不可能性定理都成立。

定理 1（特殊情形的 Gibbard－Satterthwaite 防策略投票不可能性定理）　对于仅有两个投票者和三个候选人

（$|N|=2$，$|O|=3$）的意向表，任何社会选择函数为防策略和满射，则必存在一个独裁者。

引理1　如果对于n个投票者及$m+1$个候选人，存在一个社会选择函数满足满射、防策略性及非独裁性，则对$n\geq 2$，$m\geq 3$，存在一个n个投票者和m个候选人的社会选择函数满足同样三个条件。[①]

证明：令（N，O）为一个投票模型，使得$|N|=n$，$|O|=m+1$，并且C是一个社会选择函数满足引理中的三个条件。对于$\forall a\in O$，我们定义C_a是C在O_{-a}上的限制的社会选择函数：对于O_{-a}的任意偏好意向表$>$，$C_a(>)=C(>_{+a})$。

（1）我们首先表明C_a是可定义的。也就是说，对于O_{-a}上的任意$>$，$C_a(>)\neq a$。假定对于某个$>$，$C_a(>)=C(>_{+a})=a$。对于任意投票者i和任意序列$>'_i$，我们有$C(>_{-i},>'_i)=a$。否则，i在$>$通过$>'_i$可以策略操纵。相似的，我们得到$C(>-\{i,j\},>'_i,>'_j)=a$，否则，j在$(>-i,>'_i)$通过$>'_j$可以策略操纵。我们继续上面的讨论，直到对于任意$>'$，得到$C(>')=a$。

（2）我们现在表明C_a是防策略的。否则：在C_a中，某个投票者i在$>$通过$>'_i$可以操纵，这就等于是说i在$>^{+a}$通过$>'^{+a}_i$可以操纵。这和C是非防策略的相矛盾。

（3）我们说明一点，单值性在这里指的就是满射。除了表明C_a是一个满射，我们证明C和C_a具有无异议性。因为

① Tang P., *Computer-aided Theorem Discovery-A New Adventure and its Application to Economic Theory*, PhD dissertation, HKUST, 2010, p. 67.

C是一个满射，对于每个b，可以找到某个>，使得C（>）＝b。我们有C（$>_{-i}$，$(>'_i)^{b+}_{-b}$）＝b。总之，通过移动b到任意$>'_i$的顶端，选择结果仍然是b。否则，i通过$>_i$在（$>_{-i}$，$(>'_i)^{b+}_{-b}$）可以策略操纵。继续进行讨论直到我们得到C（$(>'_i)^{b+}_{-b}$）＝b。因此C是无异议的，并且C_a也是这样定义的。

（4）我们最后表明一个投票者a可以被选择，C_a是非独裁的。我们可以分为下面两个步骤进行证明：

• 对于任意两个不同的候选人c、d，如果C_c和C_d有一个独裁者的话，那么他们有相同的独裁者。否则，C_c有独裁者i，C_d有独裁者j，并且i≠j。我们考虑下面的意向表>，其中，

$$a >_s b >_s \cdots >_s d >_s c，对于所有的 s \neq j，$$

$$b >_j a >_j \cdots >_j d >_j c，对于 >_j。$$

很明显，因为C_c有独裁者i，所以C（>）＝a。现在，我们将$>_i$转变为$a >'_i b >'_i \cdots >'_i c >'_i d$，那么我们仍得到C（$>_{-i}$，$>'_i$）＝a。否则，i通过$>_i$在（$>_{-i}$，$>'_i$）可以策略操纵。我们继续讨论直到得到C（$>'_{-j}$，$>_j$）＝a。然而，对于j，在（$>'_{-j}$，$>_j$），通过$>'_j$，存在一个策略操纵：$b >'_j a >'_j \cdots >'_j c >'_j d$。矛盾。

• 对于每个a∈O，设C_a有一个独裁者，通过（1），∀a∈O，C_a有相同的独裁者。因为C是非独裁的，所以存在某个>，使得C（>）＝a_1不同于$>_i$的最优候选人a_2。现在考虑$>' = ((>^{a1+}_{-a1})^{+a3}_{-a3}$，其中$a_3$不同于$a_1$和$a_2$。对于所有的不改变值的s≠i，我们可以改变$>_s$到$>'_s$，直到我们得

到 $C(>'_{-i}, >_i) = a_1$。在 $(>'_{-i}, >_i)$，通过 $(>_i)^{+a3}_{-a3}$，对于投票者 i，我们有一个策略操纵，这和 C 的防策略属性相矛盾。

因此，存在某个 a，使得 C_a 是非独裁的。得证。

引理 2　如果对于 n+1 个投票者及 m 个候选人，存在一个社会选择函数满足满射、防策略性及非独裁性，则对 $n \geqslant 2, m \geqslant 3$，存在一个 n 个投票者和 m 个候选人的社会选择函数满足同样三个条件。①

证明：令 (N, O) 是一个投票模型，使得 $|N| = n+1$，$|O| = m$，并且 C 是一个社会选择函数满足引理中的三个条件。对于 $\forall i \neq j$，我们定义 $C_{i,j}$ 是对于 (N_{-i}, O) 的社会选择函数：对于 (N, O) 的任意偏好意向表 >，$C_{i,j}(>_{-i}) = C(>_{-i}, >_j)$。就是说，令投票者 i 总是同意投票者 j。

(1) $C_{i,j}$ 的满射属性和 C 的无异议性一样，可参考引理 1 的证明。

(2) 对于 $C_{i,j}$ 的防策略，否则，则对于某些 >，$>'_k$ 和 k，$C_{i,j}(>_{-k}, >'_k) >_k C_{i,j}(>)$。可分下面两种情形讨论：

- 如果 $k \neq j$，那么 C 不是防策略的，因为 $C_{i,j}(>_{-k}, >'_k) = C(>_{-k}, >'_k, >_j) >k\ C(>, >_j) = C_{i,j}(>)$。矛盾。

- 如果 $k = j$，通过 $C_{i,j}$ 的定义，我们有 $a_1 = C(>_{-j},$

① Tang P., *Computer - aided Theorem Discovery - A New Adventure and its Application to Economic Theory*, PhD dissertation, HKUST, 2010, p. 68.

$>'_j$，$>'_j$）$>_j$ C（$>_{-j}$，$>_j$，$>_j$）$=a_2$。

现在考虑 C（$>_{-j}$，$>_j$，$>'_j$）$=a_3$。

—— 如果 $a_1 >_j a_3$，那么在（$>_{-j}$，$>_j$，$>'_j$）通过 $>'_j$，j 是可以操纵的。

—— 如果 $a_3 >_j a_1$，那么在（$>_{-j}$，$>_j$，$>_j$）通过 $>'_j$，i 是可以操纵的（因为 i，j 在这个意向表中有相同的偏好）。

所以，$C_{i,j}$是防策略的。

（3）接下来证明，我们可以找到两个不同的投票者 i、j，使得 $C_{i,j}$是非独裁的。否则，那么对于每对投票者 i 和 j，存在一个投票者 $d_{i,j}$，就是 $C_{i,j}$的独裁者。我们首先表明对于任意 i、j，$d_{i,j}=j$。否则，$d_{i,j}=k \neq j$。因为 C 是非独裁的，我们能够找到一个意向表>，使得 $a=C(>)\neq b$，其中 b 是 $>_k$ 的顶端。又由 C（$>_{-i}$，$(>i)^{a+}_{-a}$）$=a$，通过>i，得到 i 在 $>'=$（$>_{-i}$，$(>_i)^{a+}_{-a}$）是一个操纵。同样，我们得到 C（$>'_{-j}$，$>'_i$）$=a$。又因为 $d_{i,j}=k$，我们得到 C（$>'_{-j}$，$>'_i$）$=b$。矛盾。

现在考虑一个在（N+1，O）的意向表>，任意投票者 i、j、k 和任意候选人（｜N+1｜≥3，｜O｜≥3）。其中

—— 对于 $>_i$，$a >_i c >_i b >_i \cdots$

—— 对于 $>_j$，$a >_j c >_j b >_j \cdots$

—— 对于 $>_k$，$a >_k c >_k b >_k \cdots$

注意 $>_i$，$>_j$，$>_k$ 仅在 {a，b，c} 中不同。可分两种情形讨论：

• C（>）=a，那么我们将 $>_j$ 变为 $>_k$，并且记为新的意向表>′。那么，

—— 如果 C（$>'$）$\neq b$，那么 $d_{j,k} \neq k$。

—— 如果 C（$>'$）$\neq b$，那么通过 $>'_j$，j 能操纵。

• 其他情况下，C（$>$）$= b$，c 或其他候选人和上面的情形是相似的。

因此，我们得到，存在两个不同的投票者 i、j，使得 $C_{i,j}$ 是非独裁的。

三　计算机辅助证明

上面已经给出特殊情形——有两个投票者和三个候选人的情况，接下来，我们考虑用计算机来验证这个特殊情形。

在特殊情形的情况下，社会选择函数是单值的、防策略的并且是非独裁的。Gibbard - Satterthwaite 防策略投票不可能性定理表明三个条件不能同时满足。我们使用计算程序来验证这个部分。直接的方法是产生所有在（N，O）中的可能的社会选择函数，并且检查它们是否满足这三个条件。然而，有太多这样的函数：有 3！=6 的线性序，导致 $6 \times 6 = 36$ 个偏好意向表，并且有 3^{36} 个可能的社会选择函数。①

在这里，我们需要注意一点，我们应该产生所有具有防策略的社会选择函数而不是所有的社会选择函数。因此，我们可以把这个问题看成是一个限制可满足问题（CSP），并且使用所谓的深度搜索策略（depth - first search algorithm），先找到满足前两个条件的社会选择函数，然而再验证它们都是独裁的。最后，在特殊情形下，有 17 个防策略社会选择函

① Tang P.，*Computer - aided Theorem Discovery - A New Adventure and its Application to Economic Theory*，PhD dissertation，HKUST，2010，p. 70.

数，事实上，这 17 个函数都是独裁的。这样就验证了特殊情形，完成了 Gibbard - Satterthwaite 防策略投票不可能性定理的归纳证明。

其实，以上的证明方法也可以推广到阿罗不可能性定理或其他不可能性定理。更进一步地说，借助这种方法，我们可以使用计算机来辅助证明不可能性定理以及发现新的不可能性定理或不可能性结果。

第四节 Gibbard - Satterthwaite 防策略投票不可能性定理证明的反思

Gibbard - Satterthwaite 防策略投票不可能性定理是社会选择理论和实施理论中具有标志性的成果，是防策略投票理论的基石。防策略投票不可能性定理也是比较复杂的，因此，它的证明也显得尤为重要。

在 Gibbard - Satterthwaite 防策略投票不可能性定理的众多证明中，Saari 方法是目前较新的方法，它证明的不可能性定理不仅在数学上十分完美，而且在经济学与社会选择理论上也更有意义，因为它给出了偏好变化的几何性质。

另外，我们讨论的归纳法，具体说来：就是用两个引理证明一个结论：如果 Gibbard - Satterthwaite 防策略投票不可能性定理在特殊情形（两个投票人和三个候选人）中成立，那么对任何一般情况，Gibbard - Satterthwaite 防策略投票不可能性定理都成立。

可见，归纳法的一个重要性是给出这样一种观点，即三个候选人的选举系统可能最具有普通意义。此外，另一个重要性是表现在它可以用同一想法去证明诸如 Arrow 定理、Muller - Satterthwaite 等不可能性定理，并借助计算机加以验证。

由此，我们也得到了一些启示，我们可以考虑把分析防策略投票不可能性定理的条件翻译成相应的逻辑语言，也即把用于分析其问题的形式语言生成为计算机可识别的程序代码，从而实现计算机对防策略投票问题的模拟和解决，以期实现解决现实问题的高效性和准确性。

第三章 Gibbard - Satterthwaite 防策略投票不可能性定理的逻辑刻画

在投票过程中，一个投票者可以“说谎”，也就是说，他投出的选票并不一定代表他的真实偏好。另外，在描述 Gibbard - Satterthwaite 防策略投票不可能性定理时，关键的问题就是分清投票者的真实偏好（actual preferences）和声称偏好（claimed pieferences）之间的关系。

在本章中，我们基于模态逻辑 $S5^m$，提出一种可以刻画社会选择的投票逻辑 VL，特别是，这个逻辑语言适用于刻画具有真实偏好和声称偏好的情境。然后，我们给出 VL 的语法和语义，并基于 VL，对 Gibbard - Satterthwaite 防策略投票不可能性定理进行精确刻画。最后，说明当有足够多的投票者时，VL 是不可判定的。然而这并不意味着刻画社会选择时都是不可判定的，接下来，我们又讨论了一个只有两个投票者的可判定性特例。

本章主要参考了帕瑞曼和艾格特尼斯 2012 年的论文《社会选择的模态逻辑及其不可判定性》① 和加贝（Gabbay

---

① Erik Parmann, Thomas Ågotnes, “Modal Logics for Social Choice and Undecidability”, To appear at The 10th Conference on Logic and the Foundations of Game and Decision Theory (LOFT), 2012.

D. M.）等2003年的著作《多值模态逻辑：理论和应用》中第八部分的内容。[①]

第一节　基本概念

形式化地，我们给定主体（投票者）的有穷集合 $I = \{1, \cdots, n\}$ 和候选人的一个非空集合 A，L（A）表示 A 上所有线性序的集合，即 A 上的可能偏好关系。$L(A)^n$ 表示所有 n 元线性序的集合，$L(A)^n$ 中的一个元素称为一个意向表。对于 $D \in L(A)^n$，我们用 D_i 表示在 D 中，主体 i 的线性序。$x D_i y$ 表示个体 i 弱偏好于 y（即 $x \leqslant y$）。

定义1　$\sim_i$是 $L(A)^n$ 上的二元关系，使得对于所有的 $D, P \in L(A)^n$，$D \sim_i P$ 当且仅当 对于所有的 $j \neq i$，$j \leqslant n$，使得 $D_j = P_j$。

社会选择函数是社会选择理论中的一个重要概念，它是这样的一个函数：输入为若干决策人对多个被选择对象的排序结果，输出则为综合了所有决策人排序结果后给出的最优先被选择的唯一确定的对象，即赢家。

定义2　给定候选人集合 A，正整数 $n \in \mathbb{N}$，一个社会选择函数（SCF）F：$L(A)^n \rightarrow A$。对于一个偏好意向表 D，F（D）的结果即为选出的赢家。

对于候选人集合 A 和正整数 n，SCF（A，n）是所有社会选择函数 $L(A)^n \rightarrow A$ 的集合；对于所有可数集合 A，SCF（n）

---

① Gabbay D. M.，Kurucz A.，Wolter F.，and Zakharyaschev M.，"Many－Dimensional Modal Logics：Theory and Applications"，*Studies in Logic and the Foundations of Mathematics*，2003.

是 SCF（A，n）的并；对于 $n \in \mathbb{N}$，SCF 是 SCF（n）的并。

现在用这种方法来定义 Gibbard – Satterthwaite 防策略投票不可能性定理及其属性：

- k – 赢家：当 F 的映射至少有 k 个元素。
- 防策略（SP）：对于所有的 $P \sim_i P'$，F（P'）P_iF（P）成立。换句话说，我们可以理解为，真实偏好总是和其声称偏好一致，即投票者没有必要虚报其真实偏好，因为其结果是一样的，这种情况即为防策略。
- i – 独裁的：对于所有 D，$P \in L(A)^n$，得到 F（P）D_iF（D）（即 i 是独裁者）。对于某些主体 $i \leq n$，它是 i – 独裁的，社会选择函数 F 也是独裁的。

定理 1（Gibbard – Satterthwaite 防策略投票不可能性定理）　对于任意 SCF F，如果 F 是 3—赢家并且是防策略的，那么它是独裁的。[①]

可见，在不受限制的偏好域上，至少有三个候选人的情况下，除了独裁，没有投票机制是防策略（防操纵）的，也就是说，都是可以被操纵的。这表明了社会决策过程中操纵行为的普遍存在性。

第二节　模态逻辑 $S5^m$

我们先给出一个特殊的模态逻辑：乘积逻辑 $S5^m$。

给定主体集 I = {1，…，n}，框架 F 是一个元组（W，

---

① Erik Parmann，Thomas Ågotnes，“Modal Logics for Social Choice and Undecidability”，To appear at The 10th Conference on Logic and the Foundations of Game and Decision Theory（LOFT），2012，p. 3.

R_1，…，R_n），其中，W 是状态的集合，R_i（$1 \leqslant i \leqslant n$）是 W 上的二元可达关系（accessibility relation）。

定义 3 给定可数无穷集 P，乘积逻辑 $S5^m$ 的语言 $\mathcal{L}_m$ 中的语句归纳定义如下：

$$\varphi ::= p \mid \neg \varphi \mid \varphi \wedge \varphi \mid \Box_i \varphi,\ p \in P \text{ 且 } 1 \leqslant i \leqslant n$$

定义 4 乘积框架（product frames）框架 $F_i = (W_i, R_i)$ 的乘积 $F_1 \times \cdots \times F_m$ 定义如下：

$$F_1 \times \cdots \times F_m \stackrel{def}{=} (W_1 \times \cdots \times W_m, \overline{R_1}, \cdots, \overline{R_m}$$

其中，对于每个 $i \in \{1, \cdots, m\}$，$\overline{R_i}$ 是 $W_1 \times \cdots \times W_m$ 的二元关系，使得（u_1，…，u_m）$\overline{R_i}$（v_1，…，v_m）当且仅当 $u_i R_i v_i$ 并且 $u_k = v_k$，$k \neq i$。

U^m 指所有乘积框架的类。一个克里普克模型 M =（W，V），其中，V 是一个赋值函数：$P \rightarrow \wp(w)$。一个典范模型（M，w）包括一个模型和 M 中的状态 w。在 U^m 中，Mod^P（U^m）指建立在框架上的所有典范模型。

定义 5（语义） 在典范模型（M，w）∈ Modp（Um）中，公式 $\phi \in \mathcal{L}_m$ 的可满足性 M，w $\vDash \varphi$，递归定义如下：

M，w $\vDash p$	当且仅当	$w \in V(p)$
M，w $\vDash \neg \varphi$	当且仅当	M，w$\mid \neq \varphi$
M，w $\vDash \varphi \wedge \varphi$	当且仅当	M，w $\vDash \varphi$ 并且 M，w $\vDash \varphi$
M，w $\vDash \Box_i \varphi$	当且仅当	M，v $\vDash \varphi$，对于所有 $v \in W$ 使得 $w \overline{R_i} v$

我们用 $U^m \vDash \varphi$ 表示 φ 是有效的，比如：对于所有的

$(M, w) \in Mod^p(U^m)$，$M, w \models \varphi$。如果存在某些 $(M, w) \in Mod^p(U^m)$，使得 $M, w \models \varphi$，那么 φ 是可满足的。

定义 6 （$S5^m$）

$$S5^m \overset{def}{=} \{ \varphi \in L_m \mid U^m \mid = \varphi \}$$

也就是说，$S5^m$ 是指在 m－乘积框架 $F_1 \times \cdots \times F_m$ 中的所有有效的 $\mathcal{L}_{m-}$ 公式的集合，其中对于每个 F_1，…，F_m，可达关系是全称关系。

定理 2 对于 $m \geqslant 3$，$S5^m$ 是不可判定的。[①]

第三节 投票逻辑（VL）

在本小节中，我们基于模态逻辑 $S5^m$，给出了一个用于刻画社会选择函数的逻辑，它特别用于刻画包括两个偏好意向表（真实偏好和声称偏好）的情境，还可以形式化防策略投票理论中的 Gibbard－Satterthwaite 防策略投票不可能性定理。

给定主体集 $I = \{1, \cdots, n\}$，框架 F 是一个 n 元组 $(W, R_1, \cdots, R_n)$，其中，W 是状态的集合，R_i $(1 \leqslant i \leqslant n)$ 是 W 上的二元关系。

定义 7 给定有穷主体集 $I = \{1, \cdots, n\}$，语言 $L_{n,U}^{a,b}$ 中的语句归纳定义如下：

---

① Gabbay D. M.，Kurucz A.，Wolter F.，and Zakharyaschev M.，"Many－Dimensional Modal Logics：Theory and Applications"，*Studies in Logic and the Foundations of Mathematics*，2003，p. 381.

$\varphi ::= a_i \mid b_i \mid \neg\varphi \mid \varphi \wedge \varphi \mid \Box_i \varphi \mid \Box^U \varphi$，$1 \leq i \leq n$

按照习惯，我们遵循逻辑中基本算子之间的相互定义或简化的规定。我们可以定义其他的逻辑联结符，命题联结词还可以用∨，→，↔，$\Diamond_i$和$\neg\Box_i\neg$，$\Diamond^U$和$\neg\Box^U\neg$。

其中，a_i 表示“主体 i 偏好于真实偏好或真实意向表”，b_i 表示“和真实世界相比，主体 i 偏好于说谎，或偏好于声称偏好或声称意向表”。模态算子$\Box_i$ 用于量化主体 i 的声称偏好，$\Box_{i\varphi}$表示对于主体 i 所有可能的声称偏好，φ 为真。$\Box^U$ 用于量化所有真实的情境（honest situations）。$\Box^U\varphi$ 成立当且仅当所有主体都诚实。比如说当真实偏好和声称偏好一致时，我们可以表达防策略属性为：$\Box^U(\bigwedge_{i\leq n}\Box_i a_i)$。

接下来，我们来定义 SCF（n）×L（A）$_n$ ×L（A）$_n$ 和 $L^{a,b}_{n,U}$ 之间的真值关系 $\models_n$。

定义 8　令 A 是候选人的集合，n 是主体的个数，对于某些可数集合 A，令 F ∈ SCF（A，n），并且 D，P ∈ SCF（A，n），公式递归定义如下：

F，（D，P）$\models_n a_i$	当且仅当 F（P）D_iF（D）
F，（D，P）$\models_n b_i$	当且仅当 F（D）D_iF（P）
F，（D，P）$\models_n \Box_i\varphi$	当且仅当对于所有的 P′ ∈ L（A）^{n} 并且 $P' \sim_i P$，F，（D，P′）$\models_n\varphi$
F，（D，P）$\models_n \Box^U\varphi$	当且仅当对于所有的 D′ ∈ L（A）^{n}，F，V，（D′，D′）$\models_n\varphi$
F，（D，P）$\models_n \varphi\wedge\psi$	当且仅当 F，（D，P）$\models_n\varphi$ 并且 F，（D，P）$\models_n\psi$

F，（D，P）$\models_n \neg\varphi$　　当且仅当 F，（D，P）$\not\models_n \varphi$

另外，我们给出定义的一般方式：

对于所有的（D，P）$\in L(A)^n \times L(A)^n$，F $\models_n \varphi$ 当且仅当 F，（D，P）$\models_n \varphi$

对于所有的 F ∈ SCF（n），$\models_n \varphi$ 当且仅当 F $\models_n \varphi$

定义 9　我们定义“投票逻辑”（voting logic），如下：

$$VL_{n,U} \overset{def}{=} \{\varphi \in L_{n,U}^{a,b} \mid \models_n \varphi\}$$

我们把序对（D，P）看作一个真实世界（D）和一个想象世界（P）的序对，$\Box_i$ 联系两个序对（D，P）和（D，P′）。其中，某些主体谎报他们的偏好，主体 i 通过谎报他的偏好选票，使得 P 变为 P′。$\Box^U$ 是指在真实世界之间的变化，其中主体都是诚实地表示他们的偏好。a_i 和 b_i 反映了主体 i 是偏好于真实世界还是谎言世界。

例子 1

（1）$\Box_1 a_1$ 表示和谎报偏好而胜出的赢家相比，主体 1 更偏好于真实世界的赢家。

（2）$\neg b_1$ 表示和真实偏好下的结果相比，主体 1 更偏好于声称偏好的结果，然而事实并非如此。

（3）$\Box_1 a_1 \wedge \Diamond_1 \Diamond_2 (b_1 \wedge \neg a_1)$ 表示主体 1 不能通过谎报偏好的方式来选出他所偏爱的候选人，但是如果主体 1 和主体 2 都说谎，那么他们就能够决定一个赢家，使得主体 1 严格偏好于这个赢家。

（4）$\Diamond^U \Diamond_1 \neg a_1$ 表示存在一个偏好意向表，并且其他人是诚实的，主体 1 可以通过说谎而受益。

第四节　Gibbard – Satterthwaite 防策略投票不可能性定理相关属性的逻辑刻画

防策略投票理论的真正发展是在 20 世纪 70 年代中后期吉伯德和施特斯韦特提出的防策略投票不可能性定理之后。[①] 因此，形式化 Gibbard – Satterthwaite 防策略投票不可能性定理具有重要的理论意义。在本节中，我们基于上面介绍的 VL 来刻画 Gibbard – Satterthwaite 防策略投票不可能性定理及其相关属性。

- i – 独裁的：

$$i - dict \overset{def}{=} \Box^{U} \Box_{1} \cdots \Box_{n} a_{i}$$

公式 $i - dict$ 表示，对于主体 i 来说，在所有可能胜出的候选人中，排在最前面的候选人获胜。表达式可以读作“对于所有偏好意向表 D，不存在其他可能获胜的候选人 F（P），使得 i 偏好于 F（P）而不是 F（D）”，这就意味着 F 是 i – 独裁的。

- 防策略（SP）：

$$SP \overset{def}{=} \Box^{U} (\bigwedge_{i \leq n} \Box_{i} a_{i})$$

公式 SP 表示，对于所有可能的意向表，没有一个主体通过谎报其偏好而受益。

---

① Mark Allen Satterthwaite，“Strategy – proofness and Arrow's Conditions：Existence and Correspondence Theorems for Voting Procedures and Social Welfare Functions”，*Journal of Economic Theory*，1975. 10（2），pp. 187 – 217.

引理 1　对于任意 A，F ∈ SCF（A，n），D，P ∈ L（A）^{n}：

1. F，（D，P）⊨ i－dict 当且仅当 F 是 i－独裁的

2. F，（D，P）⊨ SP 当且仅当 F 是防策略

到此，我们已经给出了 Gibbard－Satterthwaite 防策略投票不可能性定理的两个性质，接下来，我们给出第三个性质，如下：

• 3－赢家　当 F 的映射至少有 3 个元素。

$$2p3a \overset{def}{=} \Diamond^U((\Diamond_1\cdots\Diamond_n\neg a_1 \wedge \Diamond_1\cdots\Diamond_n\neg b_1)\vee(\Diamond_1\cdots\Diamond_n\neg a_2 \wedge \Diamond_1\cdots\Diamond_n\neg b_2))$$

应注意的一点是，下面的公式中，我们都假定至少存在两个主体，即 n≥2。

引理 2　对于任意 A，F ∈ SCF（A，n），D，P ∈ L（A）^{n}，如果 F，（D，P）⊨2p3a，那么 F 是 3－赢家。

证明：F，（D，P）⊨2p3a 当且仅当 存在 D′，P′，P″，使得 F（D′）$<^{D_i}$ F（P′）并且 F（P″）$<^{D_i}$ F（D′），其中，i＝1 或者 i＝2。这就意味着 F（D′），F（P′）和 F（P″）必须都不相同。

引理 3　对于任意 A 和 F ∈ SCF（A，n），如果 F 是 3－赢家并且是防策略的，那么 F ⊨2p3a。

证明：令 F 是 3－赢家并且防策略。我们表明 F ⊨2p3a 成立当且仅当存在 D′，P′，P″，使得

$F(P') <^{D_i} F(D)$ 并且 F（D）$<^{D_i}$F（P），i＝1 或者 i＝2　　(1)

如果存在一个 D，使得 F（D）＝x，那么一个候选人 x

$\in A$ 是一个可能—赢家（possibly - winning）。令 a，b 是两个不同的可能—赢家候选人，令 D^a，D^b 使得 F（D^a）＝a，F（D^b）＝b。令 D′是偏好意向表，使得主体 1 的最偏爱的可能—赢家候选人为 a。主体 1 其次偏爱的可能—赢家候选人是 b，主体 2 最偏爱和次偏爱的可能—赢家候选人分别为 b 和 a。令 X＝F（D′）。

一方面，假设主体 1 和主体 2 将可能—赢家候选人 Y 排列为严格低于 X；考虑下面两种情况，第一种情况，考虑 X 是 a 或者 b。如果 X＝a，那么（1）成立，并且 D＝D′，i＝2，P＝D^b，P′是第三个可能—赢家候选人。如果 X＝b，那么对于主体 1 来说，同样（1）成立。第二种情况，X 不同于 a 和 b，对于 D＝D′，i＝1，P＝D^a 和 P′，使得 F（P′）＝Y，那么（1）成立。

另一方面，在 D′，假设对于主体 1 和主体 2 来说，X 为排在最低端的可能—赢家候选人。令偏好意向表 D″和 D′一样，我们得到 F（D″）＝X。另外，如果 D_i'表示主体 1 的真实偏好，通过声明他的偏好是 D_i''，他可以从 F（D′）改变他的结果。这和 F 是防策略的相矛盾。因此，可得 F（D″）＝X。然而，（1）成立，且 D＝D″，i＝1，P＝D^a 且 P′＝D^b。

结论 1　对于任意的 A，$F \in SCF(A, n)$，D，$P \in L(A)^n$，F，（D，P）$\models SP \wedge 2p3a$ 当且仅当 F 是防策略的并且是 3 - 赢家。

公式 2p3a 表示 SCF F 有三个赢家和两个主体。事实上，有三个赢家和两个主体的所有防策略的社会选择函数是有效的。有了上面的三个条件，我们下面给出防策略投票不可能性定理的公式。

• 对于 n≥2，Gibbard - Satterthwaite 防策略投票不可能性定理形式化如下：

$$GS \overset{def}{=} SP \wedge 2p3a \rightarrow \bigvee_{i \leqslant n} i - dict$$

需要注意一点的是，这些公式都独立于候选人 A 的集合。

第五节 VL 的不可判定性

当用模态逻辑来表示社会选择函数中的真实偏好和声称偏好时，它们会变得不可判定。在本节中，我们讨论 VL 在推理社会选择问题时的不可判定性，同时，也给出了一个可判定性特例。最后，我们得出不可判定性的结果在于模态逻辑和社会选择之间的关系。

基于 $L_{n,U}^{a,b}$，我们给出语言 L_n^a，它没有模态算子□ ^{U} 和命题原子 b_i，形式上，可以定义如下：

定义 10 给定有穷的主体集合 I = {1，…，n}，语言 L_n^a 中的语句归纳定义如下：

$$\varphi ::= ai \mid \neg\varphi \mid \varphi \wedge \varphi \mid \Box i\varphi,\ 1 \leqslant i \leqslant n$$

定义 11 VL_n^a 定义如下：

$$VL_n^a \overset{def}{=} \{\varphi \in L_n^a \mid \mid =_n \varphi\}$$

我们通过将 $S5^m$ 翻译成 VL_n^a，从而表明 VL_n^a 是不可判定的。

我们给出了从 L_m 到 L_n^a 的一个公式翻译 †，然后给出一个模型翻译，我们表明，对于任意的 $\varphi \in L_m$，$S5^m$ 当且仅当 $\varphi^\dagger \in VL_n^a$。

两个语言之间一个主要的不同是 L_m 和可数的无穷命题集合是相关的，而在 L_n^a 中，仅有 n 个命题字母是有效的。然而，每个 L_m – 公式仅包含命题字母的一个有穷数字，这样，存在某些 $n \in N$，使得 L_n^a 有足够的命题字母有效。

一　公式翻译

给定一个 L_m – 公式 φ，对于某些 m，令 $\Phi(\varphi)$ 指在 φ 中出现的有穷命题字母集。在 $\Phi(\varphi)$ 中，我们假定 $h: \Phi(\varphi) \to N$，并且令 $n = 1 + \max(m, |\Phi(\varphi)|)$。我们将 φ 翻译为 $\varphi^\dagger \in L_n^a$。

定义 12　对于 $p \in \Phi(\varphi)$，我们递归定义如下：

$$p^\dagger = ah(p)$$

$$(\varphi \wedge \psi)^\dagger = \varphi^\dagger \wedge \psi^\dagger$$

$$(\Box_i\varphi)^\dagger = \Box_i\varphi^\dagger$$

$$(\neg\varphi)^\dagger = \neg\varphi^\dagger$$

本质上来说，翻译将命题字母 p 映射到主体 h（p），其余的不变。

二　模型翻译

定义 13　给定一个 $S5^m$ – 模型（M，w），框架 F =（W，R_1，…，R_m），赋值函数 $V: P \to \wp(W)$，和有穷集合命题字母集 Φ，我们令 $n = 1 + \max\{m, |\Phi|\}$ 并且 $A = W \cup \{\ell\}$，其中 ℓ 是不属于 W 的一个新元素，我们定义元组如下：

$$\theta((M, w), \Phi) = (F, (D, P))$$

包括一个社会选择函数 F 以及意向表 D 和 P，和 n，由（M，w）和Φ演绎。

我们假定 F 是一个乘积框架（W_1，…，W_m），每个点 $w \in W_i$，并且关系 R_i 是 W_i 上的全称。

我们现在来定义意向表 D。然后定义 F，使得 F（D）= ℓ，但是首先，根据在 M 中的命题字母的赋值，我们把 A 中的候选人和 D_i 中的 ℓ 相联系。对于每个候选人 $a \in A \setminus \{\ell\}$，并且对于每个 $i \leqslant |\Phi|$，我们在 D_i 中放置 a 低于 ℓ 当且仅当 $a \in V(h^{-1}(i))$，另外：

对于所有的 $a \in A \setminus \{\ell\}$，令 $aD_i\ell$ 当且仅当 $a \in V(h^{-1}(i))$

注意 h：Φ→N 是命题字母的假定枚举，并且 $h^{-1}(i) \in \Phi$。$A \setminus \{\ell\}$ 在 W 域中是确定的，$a \in V(h^{-1}(i))$ 是可定义的。

给定一个 $(s_i)_{i \leqslant m}$ 的满射 s_i：L（A）→W_i。给定 $(s_i)_{i \leqslant m}$，定义 s：$L(A)^n \to W$ 如下：

$$s(P) = (s_1(P_1), \cdots, s_m(P_m))$$

注意 s 的定义域是 $L(A)^n$，但是其定义仅用了第一个 m 线性序。因为 W 包括 m – 元组，所以这是很自然的。正如 $n > m$，存在不同的 P，$P' \in L(A)^n$ 使得 $P \neq P'$，但是 $s(P) = s(P')$。

对于某些 $k > m$，$P \in L(A)^n$，使得 $D_k \neq P_k$，同时满足 $s(P) = w$，其中 w 是 $S5^m$ – 模型 M 的可区分的点。注意，因为 D 和 P 在某些坐标上不同，所以社会选择函数 F 不需要指派给它们相同的赢家，并且通过改变第一个 m 坐标，对于所有意向表 P′到达 P 是成立的。

令 $F(D)=\ell$，定义 F，对于所有 P′，使得 $P_j=P_j'$，对于 $j>m$ 有 $F(P')=s(P')$。通过构建 P，我们得到对于所有的 P′，有 $P'\neq D$。注意 $W\subset A$，$s(P')$ 是一个备选项。S 是一个满射，并且对于所有的元素 $a\in W\setminus\{\ell\}$，存在一个 P′，使得对于 $j>m$，$P_j=P_j'$，并且 $s(P')=a$，得到 F。F 可以作为其他意向表的任意候选人。

我们令θ返回（F，(D，P)）。这就完成了模型翻译。

下面的引理描述了公式翻译†和模型翻译θ之间的关系。

引理 4　对于所有 $(M, w)\in Mod^p(U^m)$，$\psi\in\wp_{fin}(P)$，$\varphi\in L_m^{\psi}$：

$$M, w\models\varphi \text{ 当且仅当 } \theta((M, w), \psi)\models\varphi^{\dagger}$$

证明：由函数 s，我们定义其前项 $s^{\vee}: W\rightarrow\wp(L(A)^n)$，

$$s^{\vee}(w)=\{P\in L(A)^n \mid s(P)=w\}$$

正如所有意向表映射到某些状态 w。我们进一步证明，对于所有 $w\in W$ 和 $P\in s^{\vee}(w)$，我们得到：

$(M, w)\models\varphi$ 当且仅当 $(F, (D, P))\models\varphi^{\dagger}$，$(F, (D, P'))=\theta((M, w), \psi)$。

特殊情况：$\varphi=p$。因为 $p^{\dagger}=a_{h(p)}$，存在任意的 $w\in W$ 和 $p\in s^{\vee}(w)$，我们有 $(M, w)\models p$ 当且仅当 $(F, (D, P))\models a_{h(p)}$。令 $i=h(p)$，$P\in s^{\vee}(w)$，得到 $F(P)=w$。

我们有 $(M, w)\models p$ 当且仅当 $w\in V(p)$ 当且仅当 $w\in V(h^{-1}(i))$ 当且仅当 $wD_i\ell$，后面的来自θ的构建。这等价

于 F（P）D_iF（D）成立，当且仅当（F，（D，P））$\models a_i$。

归纳情况：$\varphi = \Box_i$（ψ）。假定归纳假设，我们得到，对于任意的 w′和 P∈ $s^{\vee}$（w′），得到（M，w′）$\models \psi$ 当且仅当 F，（D，P）$\models \psi^{\dagger}$。假设我们有 M，w $\models \Box_i \psi$，意味着对于所有的 wR_iw'，（M，w′）$\models \psi$。

假设任意的 P′，使得 $P \sim_i P'$。通过构建 s，有 s（P′）＝w′，对于某些 w′，使得 $w \sim_i w'$。通过假设，我们得到，对于任意的 w′，使得 M，w′ $\models \psi$。因此，通过归纳假设，我们得到（F，（D，P′））$\models \psi^{\dagger}$。因为 P′是任意意向表，使得 $P \sim_i P'$，我们得到（F，（D，P′））$\models \Box_i \psi^{\dagger}$，同样，（F，（D，P′））$\models (\Box_i \psi)^{\dagger}$。

另一方面，注意对于任意 w′，有 $w \sim_i w'$，存在某些 P′，$P \sim_i P'$，使得 s（P′）＝w′。由归纳假设，我们得证。

结论 2　对于所有的 $\varphi \in L_m$，$M \in Mod^p(U^m)$：

$$M \models \varphi \text{ 当且仅当 } \theta(M, \Phi(\varphi)) \models \varphi^{\dagger}$$

总之，如果某些 $\varphi \in L_m$ 是可满足的，那么 $\varphi^{\dagger} \in L_n^a$ 也是可满足的。相应地，我们得到如果 $\varphi^{\dagger} \in VL_n^a$，那么 $\varphi \in S5^m$。我们假设有一个模型满足传递公式，并且表明我们可以构建一个模型满足最初的公式。

引理 5　对于任意的 $\varphi \in L_m$，和它在 L_n^a 中的翻译 $\varphi^{\dagger}$，如果存在一个（F，（D，P））$\in SCF(n) \times L(A)^n \times L(A)^n$ 使得（F，（D，P））$\models \varphi^{\dagger}$，那么存在一个（M，w）$\in Mod^p(U^m)$ 使得（M，w）$\models \varphi$。

证明：我们由社会选择函数 F 开始，使得（F，（D，P））$\models \varphi^{\dagger}$。然后，我们构建一个在 $Mod^p(U^m)$ 中的模型。

给定 SCF $F: L(A)^n \rightarrow A$，意向表（D，P）和 $m \leqslant n$，我们将构建一个在 $Mod^p(U^m)$ 中的模型：

$$W = \{(D', P') \in L(A)^n \times L(A)^n \mid D = D'$$
$$\text{并且 } P'_j = P_j,\ j > m\}$$
$$R_i = \{((D, P'), (D', P'')) \mid D = D'$$
$$\text{并且 } P'' \sim_i P'\},\ i \leqslant m$$

赋值函数由 F 产生，定义如下：

$$(D, P) \in V(p) \text{ 当且仅当 } F(P)\ D_{h(p)} F(D)$$

上面的这个模型记作（M，（D，P））。

我们表明，对于所有的 $(D, P) \in W$，$(F, (D, P)) \models \varphi^{\dagger}$ 当且仅当 $(M, (D, P)) \models \varphi$。

从引理 5，我们得到，对于 $\varphi \in L_m$，如果 $\varphi \in S5^m$，那么 $\varphi^{\dagger} \in VL_n^a$。和结论 2 相结合，我们得到，对于所有的 $\varphi \in L_m$，存在一个 $(M, w) \in Mod^p(U^m)$ 使得 $(M, w) \models \varphi$ 当且仅当 存在一个 $(M', (D, P)) \in SCF(n) \times L(A)^n \times L(A)^n \varphi^{\dagger}$ 使得 $(M', (D, P)) \models \varphi^{\dagger}$，其中，$n = 1 + \max\{m, |\Phi(\varphi)|\}$。

定理 3　令 $\varphi \in L_m$，对于某些 m，令 $n = 1 + \max\{m, |\Phi(\varphi)|\}$。我们有 $\varphi \in S5^m$ 当且仅当 $\varphi^{\dagger} \in VL_n^a$。

定理 4（不可判定性）　对于某些 n，VL_n^a 是不可判定的。

令 $\varphi \in L_3$，从定理 3，得到 $\varphi \in S5^3$ 当且仅当 $\varphi^{\dagger} \in VL_n^a$，其中 $n = 1 + \max\{m, |\Phi(\varphi)|\}$。这与定理 2 相矛盾。

第六节　可判定性特例

基于 $L_{n,U}^{a,b}$，我们给出语言 $L_n^{a,b}$，它没有模态算子□ ^{U} 但是

有命题原子 a_i 和 b_i，形式上，可以定义如下：

定义 14 给定有穷的主体集合 I＝｛1，…，n｝，语言 $L_n^{a,b}$ 中的语句归纳定义如下：

$$\varphi ::= a_i \mid b_i \mid \neg\varphi \mid \varphi\wedge\psi \mid \Box_i\varphi,\ 1\leqslant i\leqslant n$$

定义 15 $VL_n^{a,b}$ 定义如下：

$$VL_n^{a,b} \overset{def}{=} \{\varphi \in L_n^{a,b} \mid \mid =_n \varphi\}$$

一 公式翻译

我们首先给出从 $L_n^{a,b}$ －公式到 L_n －公式的映射，命名为：＊。我们假定集合 P 包括两个命题字母，p_i^a 和 p_i^b 。

定义 16 定义翻译＊：$L_n^{a,b} \rightarrow L_n$ ，如下：

$$(a_i)^* = p_i^a$$

$$(b_i)^* = p_i^a$$

$$(\varphi\wedge\psi)^\dagger = \varphi^\dagger\wedge\psi^\dagger$$

$$(\Box_i\varphi)^\dagger = \Box_i\varphi^\dagger$$

$$(\neg\varphi)^\dagger = \neg\varphi^\dagger$$

另外，对于 n 个主体，我们给出了公式δ^n，用于定义一个合适的 Mod^p（U^n）。

定义 17

$$COMP^n = \bigwedge_{i\leqslant n} \Box_1\cdots\Box_n\ (p_i^a \vee p_i^b)$$

$$EQ^n = \bigwedge_{i,j\leqslant n} \Box_1\cdots\Box_n\ ((p_i^a \vee p_i^b) \leftrightarrow (p_j^a \vee p_j^b))$$

$$REACH^n = \bigwedge_{i\leqslant n} \Box_1\cdots\Box_n\ (\Diamond_1\cdots\Diamond_n (p_i^a \vee p_i^b))$$

$$\delta n = COMP^n \wedge EQ^n \wedge REACH^n$$

二　模型翻译

在 U^n 上，我们定义了一个典范模型的子类，令 Δ^n 为满足 δ^n 的 U^n – 模型，即：

$$\Delta^n = \{(M, w) \in Mod^p(U^n) \mid (M, w) \models \delta^n\}$$

我们定义模型翻译，和定义 3.20 的方法一样。不同之处在于，它必须保留模型的维度，并且可以假定原始模型满足 δ^n。

定义 18　假设存在某个典范模型（M，w），使得（M，w）$\in \Delta^n$，关系 R_i 是其定义域上的全称。假设在 P 中，我们有命题字母 p_i^a 和 p_i^b，其中每个主体 $i \leqslant n$。

在 SCF（n）×L（A）^{n} ×L（A）^{n} 中，我们将其翻译为一个元组。令 $A = W \cup \{\ell\}$，并且定义函数：$f: W \to A$。由公式 REACH，我们得到，至少存在一个 $v \in W$，使得 $M, v \models p_1^a \wedge p_1^b$，由公式 EQ，我们得到，对于 $1 \leqslant i \leqslant n$，有 $M, v \models p_i^a \wedge p_i^b$。对于所有 v，令 $f(v) = \ell$，同时对于所有 $w \in W$，令 $f(w) = w$。

接下来，我们构建一个意向表 D。正如在定义 3.20 中一样，对于任意 u，使得 $M, u \not\models p_1^a \wedge p_1^b$，令 $\ell D_i u$ 当且仅当 $M, u \models p_i^a \wedge \neg p_i^b$，并且 $u D_i \ell$ 当且仅当 $M, u \models p_i^b \wedge \neg p_i^a$。正如 $W \subset A$，我们知道每个这样的 u 是在 A 中的。我们也知道对于每个这样的 u，其中的子句为真。公式 COMP 给出，对于所有 i，$p_i^a \vee p_i^b$ 成立。对于在 M 中的每个状态 u，我们得到在每个 D_i 上的 f（u）和在 u 中 p_i^a 和 p_i^b 的值是相关的。

令 $v \in W$，使得 $M, v \models p_1^a \wedge p_1^b$，给定 s_i：$L(A) \to W_i$

使得 s_i（D_i）$=v_i$。由 s_i，我们定义 s：L（A）$^n\rightarrow W$，正如：s（P）＝（s_1（P_1），…，s_n（P_n）），然后，我们定义 SCF F：L（A）$^n\rightarrow A$，如下：

$$F(P)\mapsto f(s(P))$$

令 P 是在 L（A）中的一个元素，使得 s（P）＝w，其中 w 是典范模型（M，w）中的指定点。s 是一个满射。令（F，（D，P））是返回值。

下面两个结果的证明和引理 4 和引理 5 相似。

引理 6　对于所有典范模型（M，w）$\in\Delta^n$，$\varphi\in L_n^{a,b}$，我们有∘（M，w）$\models\varphi$ 当且仅当（M，w）$\models\varphi^*$。

证明：n，s 和 f 的见定义 18。由函数 s，我们定义它的前项 $s^\vee$：$W\rightarrow\wp$（L（A）n），

$$s^\vee(w)=\{P\in L(A)^n\mid s(P)=w\}$$

令 W 是 M 的定义域，（F，（D，P））＝∘（M，w），对于所有 $q\in W$ 和 $P\in s^\vee$（q），我们得到（F，（D，P））$\models\varphi$ 当且仅当 M，q $\models\varphi^*$。$P'\in s^\vee$（w），我们给出如下的结果：

基本情况：$\varphi=a_i$。给定 $\varphi^*=p_i^a$，假设 $q\in W$ 并且 $P\in s^\vee$（q）。我们不能区别 f（q）$=\ell$ 和 f（q）$\neq\ell$ 这两种情况，两种情况都有 $q\in V$（p_i^a）当且仅当 f（s（P））$D_i\ell$。

如果 f（q）$=\ell$ 那么 f（s（P））$=\ell$。$q\in W$，f（q）$=\ell$ 成立，其中 M，q $\models p_i^a\wedge p_i^b$，$q\in V$（$p_i^a$），且 D_i 是自反的，我们得到 f（s（P））Diℓ。另外，我们有 $q\in V$（p_i^a）当且仅当 f（s（P））$D_i\ell$。

如果 f（q）$\neq\ell$ 那么 M，q $\models\neg p_i^a\wedge p_i^b$ 或者 M，q $\models p_i^a$

$\wedge \neg p_i^b$。在任意的情况中，我们有 $q \in V(p_i^a)$ 当且仅当 $qD_i\ell$ 当且仅当 $s(P)$ $D_i\ell$ 当且仅当 $f(s(P))$ $D_i\ell$。

所以，我们得到 M，$q \vDash p_i^a$ 当且仅当 $q \in V(p_i^a)$ 当且仅当 $f(s(P))$ $D_i\ell$ 当且仅当 $F(P)$ $D_i\ell$ 当且仅当（F，（D，P））$\vDash a_i$。

任意给定 q 和 $P \in s^{\vee}(q)$，我们得到，对于所有 $q \in W$ 和 $P \in s^{\vee}(q)$，有：M，q $\vDash \varphi^*$ 当且仅当（F，（D，P））$\vDash \varphi$。

归纳情况：$\varphi = \Box_i\psi$。如果 $\varphi = \Box_i\psi$，由归纳假设，我们得到，对于任意 q' 和 $P' \in s^{\vee}(q')$，（F，（D，P））$\vDash \psi$ 当且仅当 M，$q' \vDash \psi^*$。对于所有的 $P'' \sim_i P'$，存在某个 $q'' \sim_i q'$，使得 $s(P'') = q''$，并且对于所有的 $q'' \sim_i q'$，存在某个 $P'' \sim_i P'$，使得 $s(P'') = q''$。得证。

从引理 6 我们可以得到下面的推论：

推论 1　对于任意的公式 $\varphi \in L_n^{a,b}$，如果存在一个典范模型（M，w）$\in \Delta^n$，使得（M，w）$\vDash \varphi^*$，那么存在一个（F，（D，P））$\in SCF(n) \times L(A)^n \times L(A)^n$，使得（F，（D，P））$\vDash \varphi$。

引理 7　对于任意公式 $\varphi \in L_n^{a,b}$，如果存在一个：

$$(F, (D, P)) \in SCF(n) \times L(A)^n \times L(A)^n$$

使得（F，（D，P））$\vDash \varphi$，那么存在一个模型（M′，w）$\in \Delta^n$，使得（M′，w）$\vDash \varphi^*$。

证明：给定一个 SCF 和两个意向表（F，（D，P）），使得（F，（D，P））$\vDash \varphi$。模型 $M = (W, V, R_1, \cdots, R_n)$。我们令

$$W = \{(D', P') \in L(A)^n \times L(A)^n \mid D = D'\}$$

$R_i=\{((D',P'),(D',P''))\mid D=D'$ 并且 $P''\sim_i P'\},i\leqslant n$。

接下来，我们定义赋值函数 V 和 F，

（D，P′）$\in V(p_i^a)$ 当且仅当 F（P′）D_iF（D）

（D，P′）$\in V(p_i^b)$ 当且仅当 F（D）D_iF（P′）

对于所有的（D，P′）∈W，我们有（F，（D，P））$\models\varphi$ 当且仅当 M，（D，P′）$\models\varphi^*$，正如（D，P）∈W 一样，我们得出下面的结果。

基本情况：$\varphi=a_i$。由构建 V，我们得到，对于任意（D，P′）∈W，（D，P′）$\in V(p_i^a)$ 当且仅当 F（P′）D_iF（D），F（P′）D_iF（D）成立当且仅当 F，（D，P′）$\models a_i$。

归纳情形：$\varphi=\Box_i\psi$。对于所有（D，P′）∈W：F，（D，P′）$\models\psi$ 当且仅当 M，（D，P′）$\models\psi^*$。

对于任意 $P''\in L(A)^n$，使得 $P''\sim_i P'$ 当且仅当（D，P′）R_i（D，P″），由归纳假设，我们得到，F，（D，P′）$\models\Box_i\psi$ 当且仅当 M，（D，P′）$\models\Box_i\psi^*$。从＊方法翻译$\Box_i$，这和 M，（D，P′）$\models(\Box_i\psi)^*$一样。得证。

由推论 1 和引理 7，我们得到下面的定理。

定理 5　我们将任意 $\varphi\in L_n^{a,b}$ 翻译为一个 $\varphi^*\in L_n$，使得 φ 在 $Mod^P(U^n)$ 中是可满足的，当且仅当 φ^*在Δ^n中可满足。

由 $S5^2$ 是可判定的，我们得到下面关于 $VL_2^{a,b}$ 的定理。

定理 6（$VL_2^{a,b}$ 的可判定性）　无论一个 $L_2^{a,b}$－公式是否是 $VL_2^{a,b}$ 的一个元素，它都是可判定的。

第四章　基于社会选择函数逻辑的防策略投票理论

社会选择函数就是一个社会选择的过程，投票过程就是最著名的社会选择函数的例子。一个投票过程决定了选举的赢家，选票可以被理解为投票者偏好的表达。

本章主要讨论基于社会选择函数逻辑的防策略投票理论。第一，简要概述博弈论和社会选择的背景知识和一些概念，介绍实现理论的一些基本概念，并给出几个实例。第二，在命题控制联盟逻辑（CL－PC）的基础上，提出社会选择函数逻辑 SCFL，它可以用于推理防策略的社会选择过程。我们给出其语言、语义以及公理和推理规则。第三，基于 SCFL，对防策略投票的相关性质进行了精确的刻画，例如单调性、非独裁、防策略等属性，并给出防策略和单调性的关系，表明这种逻辑语言可以很好地刻画防策略投票社会选择中的问题。最后解决社会选择函数是否防策略这一问题。第四，给出结论和进一步的研究。

本章主要参考了特罗卡尔等 2011 年的论文《社会选择函数的推理》①、吉伯德 1973 年的论文《投票方案的操纵：

---

① Nicolas Troquard, Wiebe van der Hoek, and Michael Wooldridge, "Reasoning about Social Choice Functions", *Journal of Philosophical Logic*, 2011, pp. 1－26.

一般的结果》[①] 和奥斯伯恩（Osborne M.）和鲁宾斯坦（Rubinstein A.）1994 年的著作《博弈论课程》。[②]

第一节　预备知识

我们先来看一个简单的投票选举的例子。

例子 1　假设有两个投票者：Alice 和 Darcy，三个候选人：Ellen、Gina 和 Jessica。投票规则是：如果有一致的偏好候选人，那么这个候选人胜出，否则 Ellen 获胜。接下来，我们假定 Alice 的真实偏好为 Jessica $<_A$ Ellen $<_A$ Gina，Darcy 的真实偏好为 Ellen $<_D$ Gina $<_D$ Jessica。因此，投票结果为 Ellen，也即 Ellen 获胜（因为没有一致的偏好候选人）。

然而，如果 Darcy 改变她的真实偏好，将偏好序改为 Ellen $<'_D$ Jessica $<'_D$ Gina（因为相对于 Ellen 来说，Darcy 更偏好于 Gina），Alice 的真实偏好不变，还是 Jessica $<_A$ Ellen $<_A$ Gina，这时，因为 Alice 和 Darcy 有一致的候选人 Gina，所以 Gina 获胜。

上面的例子提出了一个问题：我们是否可以设计一个没有虚假偏好的投票过程，换句话说，这个投票过程中，所有人所投出的选票都是其真实的偏好，也即是防策略的投票过程。事实上，在第二章中，我们所介绍的 Gibbard – Satterthwaite 防策略投票不可能性定理已经告诉我们防策略的投票过程存在很多严格的限制。

---

① Gibbard A.,"Manipulation of Voting Schemes: A General Result", *Econometrica: Journal of the Econometric Society*, 1973, pp. 587 – 601.

② Osborne M. and Rubinstein A., *A Course in Game Theory*, MIT Press, 1994.

下面，我们就这个问题展开研究。我们首先给出博弈论和社会选择的一些概念，以此来构建我们的框架。部分概念参考了奥斯伯恩和鲁宾斯坦 1994 年的著作《博弈论课程》[①]。

我们先给出一些记法。$N=\{1,\cdots,n\}$ 表示主体（投票者）的有穷集合。K 表示社会选择结果的有穷集合。L（K）表示 K 上线性序的集合。我们在第二章中提到线性序是一种传递的、完全的、反对称的关系。一个偏好关系是结果 K 的一个线性序。给定 K 和 N，一个偏好意向表 $<$ 是偏好 $(<_i)_{i\in N}$ 的一个元组，其中对于每个 i，$<_i\in L(K)$。偏好意向表的集合可记为 $L(K)^N$。

定义 1（社会选择函数）　给定主体集 N 和结果集 K，一个社会选择函数（SCF）是一个从偏好意向表集 $L(K)^N$ 到结果集 K 的单值映射。

对于每个偏好意向表，一个社会选择函数描述了所期待的结果。

定义 2（策略博弈形式）　给定集合主体集 N 和结果集 K，一个策略博弈形式是一个四元组 $<N,(A_i),K,o>$，其中：

对于每个主体 $i\in N$，A_i：是行动（或策略）的有穷非空集合；o：$\times_{i\in N}A_i\rightarrow K$ 表示对每个行动的组合指定一个结果。

这里，我们称一个策略博弈形式为一个机制（mechanism）。它具体指定了博弈中的主体、主体的有效行动以及每个行动的组合所产生的结果。给定一个行动意向表，我们用 a_i 表示 i 的行动。

---

① Osborne M. and Rubinstein A.，*A Course in Game Theory*，MIT Press，1994.

备注 1　在策略博弈形式和社会选择函数之间有一个直接的联系。也就是说，任意社会选择函数可以看作一个博弈形式，其中每个主体的行动集是 L（K），并且函数 o 表示社会选择函数，对于任意的 SCF F，我们将它相应的博弈形式记作 g^F。

定义 3（策略博弈）　一个策略博弈是一个五元组 < N，（A_i），K，o，（$<_i$）>，其中 < N，（A_i），K，o > 是一个策略博弈形式，对于每个主体 $i \in N$，$<_i$ 是 K 上的一个偏好关系。

定义 4（解概念）　一个解概念（solution concept，简写为 SC）是一个函数，它将一个策略博弈形式 < N，（A_i），K，o > 和结果集 K 上的偏好意向表映射到行动意向表的子集。

接下来，我们给出最重要的解概念，即纳什均衡（Nash equilibrium）。在经济学中，均衡是平衡的意思，也即相关量处于稳定值。在供求关系中，某一商品市场如果在某一价格下，想以此价格买此商品的人均能买到，而想卖的人均能卖出，此时我们就说，该商品的供求达到了均衡。

纳什均衡是指在一策略组合中，所有的主体面临这样一种情况，当其他人不改变策略时，他此时的策略是最好的。也就是说，此时如果他改变策略他的支付将会降低。它是一个稳定的博弈结果，在纳什均衡点上，每一个理性的主体都不会有单独改变策略的冲动。

定义 5（纳什均衡）　给定一个策略博弈形式 g = < N，（A_i），K，o > 和结果集 K 上的一个偏好意向表 <，在策略博弈形式 g 中，纳什均衡集 NE（g，<）由行动意向表集合给定，使得没有主体会从单方面改变其当前行动而受益。

形式化如下：$(a_1, \cdots, a_n) \in NE(g, <)$ 当且仅当对于每个主体 k 和 $a'_k \in A_k$，$o(a_1, \cdots a'_k \cdots a_n) < k\ o(a_1, \cdots a_k \cdots a_n)$。

我们现在引入实现（implementation）和真实实现的概念。实现问题的出现是因为设计者并不知道主体的真实偏好。给定一个社会选择函数 F，主体集 N 和结果集 K，设计者仅知道对于每个主体 $i \in N$ 的偏好 $<_i$。

我们首先给出一个标准实现的例子。假定设计者的角色是设计一个机制（或者博弈形式）g，使得对于每个可能的偏好意向表 $< \in L(K)^N$，策略形式 $<g, <>$ 至少允许一个 SC－均衡，并且在结果集 K 中，每个 SC－均衡得出一个结果，就是 F（<）的值。

偏好意向表 < 和 <′是 $L(K)^N$ 的两个任意元素。图 4－1 的左边部分代表社会选择函数 F。$F(<_1, <_2) = y$ 并且 $F(<'_1, <'_2) = x$。右边的部分表示策略博弈形式 g。图 4－1 右上部分对应偏好意向表 $(<_1, <_2)$ $(G = <g, (<_1, <_2)>)$，右下部分对应偏好意向表 $(<'_1, <'_2)$ $(G' = <g, (<'_1, <'_2)>)$。G 的所有 SC－均衡得出 $F(<_1, <_2)$。同样，所有 G′的 SC－均衡得出 $F(<'_1, <'_2)$。在 $L(K)^N$ 中，对于每个偏好意向表，如果验证它都成立，g 就是社会选择的实现。

由此，我们给出下面的定义。

定义 6（实现）　在给定一个社会选择（SC）的解，对于任意偏好，如果满足下面两个条件，则我们称博弈 g 是社会选择的实现（implementation）。

- 每个参与者都会做出自己的选择，即 $SC(g, <) \neq \varnothing$

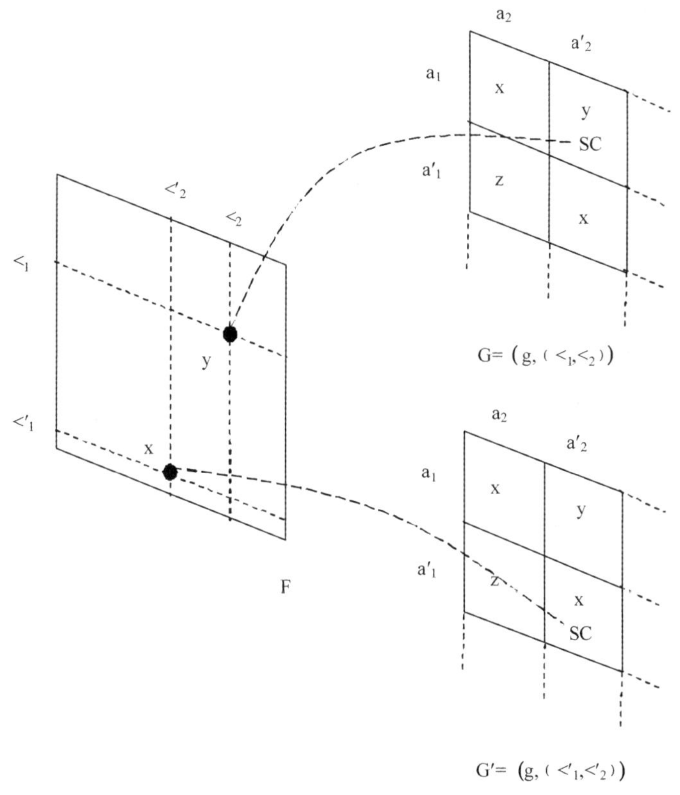

图4-1 g

• 博弈 g 中每个参与者的一个策略选择所导致的社会产出，与社会选择的社会产出相等

我们称策略博弈形式为一个直接机制（direct mechanism），其中主体 i 的策略集合是结果集 K 上的偏好集。因此，每个主体要求报出偏好，但不一定是真实的偏好。直接机制的一个优点是所说出的真实偏好意向表是一个均衡，包括由真实偏好意向表组成的直接机制。就是说，对于每个 $<\in L(K)^N$，行动意向表是博弈 $<g, <>$ 的一个均衡，其中每个主体 i 说出它的真实偏好 $<_i$。

偏好意向表 $<$ 和 $<'$ 是 L（K）^{N} 的两个任意元素。当两个主体的偏好是 $<_1$ 和 $<_2$ 时，图 4－2 的左边部分代表博弈形式 g^F。博弈 G＝$<g^F$，（$<_1$，$<_2$）$>$ 在行动意向表（$<_1$，$<_2$）上允许一个均衡。当两个主体的偏好是 $<'_1$ 和 $<'_2$ 时，右边部分表示 g^F。博弈 G′＝$<g^F$，（$<'_1$，$<'_2$）$>$ 在行动意向表（$<'_1$，$<'_2$）上允许一个均衡。在 L（K）^{N} 中，对于每个偏好意向表，无论是 $<$ 和 $<'$，如果验证它都成立，g^F 就是社会选择函数的真实实现。

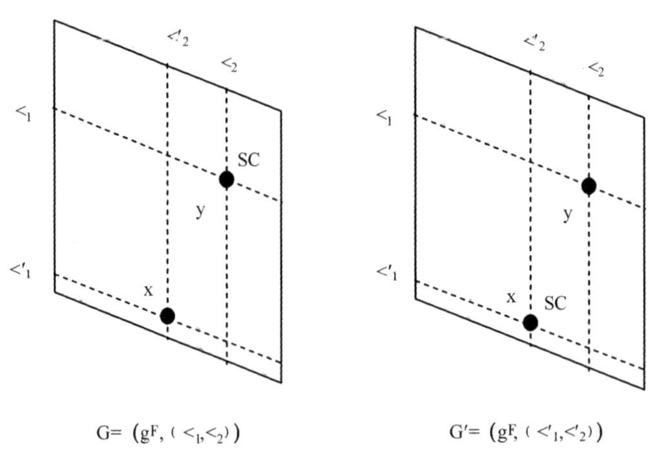

图 4－2　g^F

由此，我们给出下面的定义。

定义 7　真实实现（truthful implementation）　对于任意偏好，如果每个参与者的策略选择所导致的社会产出与社会选择的社会产出相等，且这些参与者的选择对于自身都是最优选择的话，即：$a_i^* = <i$（信息对称的情况下），则我们称“博弈 g 是社会选择的一个真实实现”。

其中，定义 6 与定义 7 不同的是，定义 6 的条件要求所有的参与者偏好都是一致的，而在定义 7 中则认为各个参与者偏好不同，后面的例子实际上正好说明了这一点。

如果存在一个博弈形式是社会选择的一个真实实现，我们就说社会选择函数是社会选择的一个真实实现。注意真实实现仅要求说出真实偏好意向表是一个均衡，但不要求说明均衡是唯一的。

例子 2　我们令 N = {1, 2}，K = {a, b}。H 是社会选择函数，首先，考虑函数 H，我们称它相应的博弈形式 g^H 是社会选择函数 H 的真实实现，但是 g^H 不是社会选择函数 H 的实现。如果所有主体都偏好 b，结果为 b，[a, b] 表示偏好结果 a 大于结果 b，[b, a] 表示 b 的个体偏好大于 a，我们有：

H（[a, b]，[a, b]）=H（[a, b]，[b, a]）=H（[b, a]，[a, b]）=a

H（[b, a]，[b, a]）=b

图 4-3 给出了四种可能的博弈（g^H，<），其中 $< \in L(\{a, b\})^{\{1,2\}}$。圆圈表示行动意向表是纳什均衡。加粗的结果是结果 o（a^*），其中 a^* = <。在这些结果中，主体揭示了他们的真实偏好。因此，在 <g^H，（[a, b]，[a, b]）> 中，位于左上角的 a 读作：博弈结果是 a 并且投票者报出的是真实偏好。对于每个偏好意向表 <，√表示行动意向表 < 得出由社会选择函数 H 所描述的结果是一个纳什均衡。因此，博弈形式 g^H 是社会选择函数 H 的真实均衡实现：所有加粗的结果都有√。十字+设计了一个问题，带有 H 的标准实现：在博弈 <g^H，（[b, a]，[b, a]）> 中，行动意向表

（［a，b］，［a，b］）是一个纳什均衡，并且能得出结果 a，然而 H（［a，b］，［a，b］）＝b。因此，g^H 不是社会选择函数 H 的均衡实现。

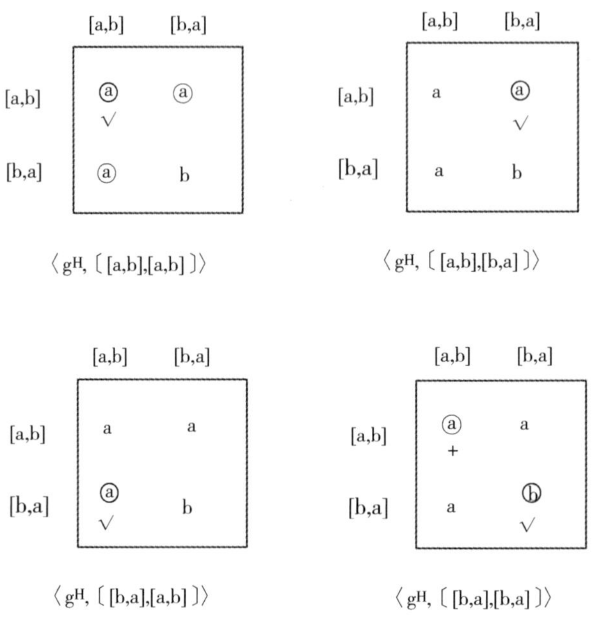

图 4－3　（g^H，＜）

我们在前面定义了社会选择函数 SCF，然后定义了偏好。整个图 4－3 是 4 个小图，两排两行，我们可以以行看作一组对比，也可以以列看作一组对比，在此，我们以行看作一组对比。我们先来看第一行，当两个参与者偏好一致，都为［a，b］的时候，社会产出是 a，当一个偏好为［a，b］，另一个为［b，a］的时候，根据 H 的定义，社会产出也是 a。接下来，我们再看第二行，这个时候，当偏好都为［b，a］的时候，社会产出是 a，当偏好不一样的时候，社会产出是 b。

在这里，图 4 - 3 是真实均衡实现而不是均衡实现（或标准均衡实现）。当社会选择为纳什均衡的时候，即 NE - IMPLEMENT。当两个参与者偏好不同的时候，第一行第二个图和第二行第一个图，均衡产出都与社会产出一致。当偏好都为［a，b］的时候，第一行第一个图，均衡产出与社会产出还是一致。只有当偏好都为［b，a］的时候，均衡产出与社会产出不一致。在最后一个图中（第二行第二个图）中，均衡为 a，社会产出为 b。此图是一个典型的“囚徒困境”。

从这些分析中，我们可以得到，图中都是一个纳什均衡的标准博弈分析，均衡产出到底与社会产出是不是一致决定了 g 到底是“实现”还是“真实实现”或者两者都是。而决定均衡产出与社会产出是不是一致又是根据社会选择函数来定义的。

第二节　命题控制联盟逻辑（CL - PC）

2005 年，韦博（Wiebe van der Hoek）和迈克尔·伍尔德里奇（Michael Wooldridge）在论文《关于合作和命题控制的逻辑》中，把主体的能力表示为对一系列命题的控制，并提出了命题控制联盟逻辑 CL - PC。[①] 在本节中，我们给出 CL - PC 的语言、语义以及其公理系统和推理规则。

---

① van der Hoek W. and Wooldridge M.，“On the Logic of Cooperation and Propositional Control”，*Artificial Intelligence*，2005. 164（1—2），pp. 81 - 119.

一　CL－PC 的语言及语义

定义8（语言）　给定主体集 Ag，命题原子集 At，CL－PC 的语言定义如下：

$$\varphi ::= \top \mid p \mid \neg\varphi \mid \varphi \vee \varphi \mid \Diamond_c \varphi$$

其中，p 是一个命题变量，$p \in At$，C 是主体集，$C \subseteq Ag$。我们可以从简单的公式利用否定符“¬”和合取符“∨”以及合作算子“$\Diamond_c\varphi$”构造复杂的公式。公式$\Diamond_c\varphi$被解释为“联盟 C 有能力力迫 φ”。按照习惯，我们遵循逻辑中基本算子之间的相互定义或简化的规定。换句话说，有了否定符“¬”和合取符“∨”，我们定义其他的逻辑联结符如下：$\bot ::= \neg\top$，$\varphi \rightarrow \psi ::= \neg\varphi \vee \psi$，$\varphi \leftrightarrow \psi ::= (\varphi \rightarrow \psi) \wedge (\psi \rightarrow \varphi)$。

如果 φ 是 CL－PC 公式，那么令 At（φ）表示在 φ 中的命题变量集，令 Ag（φ）表示在 φ 中的所有主体集。

定义9　给定模型 $M = \langle Ag, At, At_1, \cdots, At_n, \theta \rangle$，其中

（1）$Ag = \{1, \cdots, n\}$ 是主体的有穷非空集

（2）$At = \{p, q, \cdots\}$ 是命题变量的有穷非空集

（3）$At_1, \cdots, At_n$ 是 At 的一个划分，即 At_i 是 At 的子集，$i \in Ag$

（4）$\theta: At \rightarrow \{tt, ff\}$ 是命题赋值函数

注意，因为 $At_1, \cdots, At_n$ 是 At 的一个划分，我们有：

- $At = At_1 \cup \cdots \cup At_n$

• $At_i \cap At_j = \emptyset$，$i \neq j \in Ag$

给定一个模型 $M = <Ag, At, At_1, \cdots, At_n, \theta>$ 和 M 中的一个联盟 C，一个 C－赋值是一个函数：

$$\theta_C: At_C \rightarrow \{tt, ff\}\text{，其中，}At_C\text{ 表示 }\cup_{i \in C} At_i$$

如果 $M = <Ag, At, At_1, \cdots, At_n, \theta>$ 是一个模型，C 是 M 中的一个联盟，并且 θ_C 是一个 C－赋值，那么由 $M \oplus \theta_C$，我们有模型 $<Ag, At, At_1, \cdots, At_n, \theta'>$，其中 θ' 是一个函数，定义如下：

如果 $p \in At_C$，$\theta'(p) \stackrel{\Delta}{=} \theta_C(p)$，否则 $\theta'(p) \stackrel{\Delta}{=} \theta(p)$；我们定义模型 $M = <Ag, At, At_1, \cdots, At_n, \theta>$ 的大小（size）为 $|Ag| + |At|$，我们用 size（M）表示 M 的大小。

接下来，我们定义 CL－PC 的语义。

定义 10（语义）　给定一个模型 $M = <Ag, At, At_1, \cdots, At_n, \theta>$ 和公式 φ，$M \models^d \varphi$ 表示在 M 中 φ 是可满足的，可满足关系 $\models^d$ 递归定义如下：

$M \models^d \top$

$M \models^d p$　　当且仅当 $\theta(p) = tt$（其中，$p \in At$）

$M \models^d \neg\varphi$　　当且仅当 $M \not\models^d \varphi$

$M \models^d \varphi \vee \psi$　　当且仅当 $M \models^d \varphi$ 或者 $M \models^d \psi$

$M \models^d \Diamond_c \varphi$　　当且仅当如果存在一个 C－赋值 θ_C，使得 $M \oplus \theta_C \models^d \varphi$

我们现在给出可满足性和有效性的一般定义：一个 CL－PC 公式 φ 是^d－可满足的，当且仅当，存在一个模型 M，使得 M $\models^d\varphi$。φ 是^d – 有效的，当且仅当，对于每个模型 M，我们有 M $\models^d\varphi$。$\models^d\varphi$ 表示 φ 是^d – 有效的。

至此，我们引入◊的对偶算子□：

$$\Box_C\varphi ::= \neg\Diamond_C\neg\varphi$$

公式 $\Box_C\varphi$ 解释为：C 不能避免 φ，也就是说，对于每个可能的方法，C 采取行动，φ 可能仍是真的。

引理 1　一个 CL – PC 公式 φ 是可满足的，当且仅当在一个模型 $M = <Ag, At, At_1, \cdots, At_n, \theta>$ 中是可满足的，使得 $|Ag| = |Ag(\varphi)| + 1$ 并且 $At = At(\varphi)$。

证明：假设 φ 是可满足的，令 $Ag(\varphi) = \{1, \cdots, k\}$，令 $M = <Ag, At, At_1, \cdots, At_k, At_{k+1}, \cdots, At_m, \theta> = <F, \theta>$，这样，得到 $Ag = \{1, \cdots, k, k+1, \cdots, m\}$。在 Ag 中，令 S 表示主体 $\{k+1, \cdots, m\}$。首先，令 e 表示一个新主体。我们考虑框架 $F' = <Ag', At', At'_1, \cdots, At'_k, At_e>$，使得：

- $Ag' = Ag(\varphi) \cup \{e\}$
- $At' = At(\varphi)$
- $At'_i = At_i \cap At(\varphi)$，对于所有的 $i \leqslant k$
- $At_e = At(\varphi) \setminus \bigcup_{i \leqslant k} At'_i$

很明显，$|Ag'| = |Ag(\varphi)| + 1$ 并且 $At' = At(\varphi)$。在模型上，给定赋值 θ：$At \rightarrow \{tt, ff\}$，令 $\theta_{\square At'}$：$At' \rightarrow \{tt, ff\}$ 是对 At' 的限制 θ。我们声明：

对于所有的赋值 θ 和 φ 的所有子公式 ψ：$<F, \theta> \models^d \psi$ 当且仅当 $<F', \theta_{\square At'}> \models^d \psi$

由归纳假设，假设对于 φ 的所有子公式 ψ，结果成立。

考虑 $x=\Diamond_C\psi$。我们有 $<F, \theta> \models^d \Diamond_C\psi$，当且仅当，对于某些 θ^i，$\theta^i=\theta$，我们得到 $<F, \theta^i> \models^d \psi$。归纳假设保证 $<F, \theta^i_{\Box At'}> \models^d \psi$，并且 $<F', \theta^i_{\Box At'}> \models^d \Diamond_i\psi$。得证。

结论 1　如果一个 CL－PC 公式 φ 是可满足的，那么在模型 M 中，它是可满足的，使得 $size(M)=|At(\varphi)|+|Ag(\varphi)|+1$。

二　CL－PC 的演绎系统

在这个部分中，我们给出 CL－PC 的公理系统，并且表明这个公理系统是可靠的并且完全的。

CL－PC 包括以下公理和推理规则：

- CL－PC 的公理

(Prop)	φ，其中 φ 是任意命题重言式
(K (i))	$\Box_i(\varphi\rightarrow\psi)\rightarrow(\Box_i\varphi\rightarrow\Box_i\psi)$
(T (i))	$\Box_i\varphi\rightarrow\varphi$
(B (i))	$\varphi\rightarrow\Box_i\Diamond_i\varphi$
(Comp－∪)	$\Box_{C1}\Box_{C2}\varphi\leftrightarrow\Box_{C1\cup C2}\varphi$
(空集∅)	$\Box_{\varnothing}\varphi\leftrightarrow\varphi$
(至少控制)	$\ell(p)\rightarrow\bigvee_{i\in Ag}\Diamond_i\neg\ell(p)$
(至多控制)	$\ell(p)\rightarrow(\Diamond_i\neg\ell(p)\rightarrow\Box_j\ell(p))$，其中 $i\neq j$
(有效 (i))	$(\psi\wedge\ell(p))\rightarrow\Diamond_i(\psi\wedge\neg\ell(p))$，其中 $p\in At_i$，$p\notin At(\psi)$
(非有效 (i))	$\Diamond_i\ell(p)\rightarrow\Box_j\ell(p)$，其中 $p\notin At_i$

- CL－PC 的导出公理

(K (C))	$\Box_C(\varphi \rightarrow \psi) \rightarrow (\Box_C \varphi \rightarrow \Box_C \psi)$
(T (C))	$\Box_C \varphi \rightarrow \varphi$
(4 (C))	$\Box_C \varphi \rightarrow \Box_C \Box_C \varphi$
(5 (C))	$\neg \Box_C \varphi \rightarrow \Box_C \neg \Box_C \varphi$
(Sub)	$\Box_{\{i\} \cup C} \varphi \rightarrow \Box_i \varphi$
Alt (i)	$(\varphi \wedge \ell(p)) \rightarrow \Diamond_i(\varphi \wedge \ell(p)) \wedge \Diamond_i(\varphi \wedge \neg \ell(p))$，其中 $p \in At_i$，$p \notin At(\varphi)$
(S′)	$\Diamond_{C1} \varphi \wedge \Diamond_{C2} \varphi \rightarrow \Diamond_{C1 \cup C2}(\varphi \wedge \psi)$，其中 $At(\varphi) \cap At(\psi) = \varnothing$
(有效 (C))	$(\varphi \wedge \ell(p)) \rightarrow \Diamond_i(\varphi \wedge \neg \ell(p))$，其中 $p \in AtC$，$p \notin At(\varphi)$
(非有效 (C))	$(p \rightarrow \Box_C \varphi) \wedge (\neg p \rightarrow \Box C \neg p)$，其中 $p \notin \bigcup_{i \in C} At_i$

- (推理规则)

分离规则 (MP)	$\vdash^{CL-PC} \varphi$，$\vdash^{CL-PC} (\varphi \rightarrow \psi) \Rightarrow \vdash^{CL-PC} \psi$
必然化规则 Nec (i)	$\vdash^{CL-PC} \varphi \Rightarrow \vdash^{CL-PC} \Box_i \varphi$

下面我们给出简要的解释：

K (i) 表示$\Box_i$是一个正规模态算子；T (i) 可表示为$\varphi \rightarrow \Diamond_i \varphi$；B (i) 遵从$R_i$关系的对称性，表示在验证$\varphi$的任意状态中，任意主体 i 不能避免进入一种状态，使得他可以回到原来的状态$\Box_i \Diamond_i \varphi$；公理 Comp - ∪ 等价于$\Diamond_{C1} \Diamond_{C2} \varphi \leftrightarrow \Diamond_{C1 \cup C2} \varphi$；∅表示如果不允许任何人改变某些原子，那么就保持不变；至少控制 (LC) 表示每个状态都可以通过至少一个主体来改变；至多控制 (MC) 保证了不超过一个主体可以改变它；有效（i）公理表示如果ψ不涉及一个特定的原子 p，它受主体 i 的控制，那么主体可以不用改变ψ来得到 p；非有效（i）公理表示如果 $p \notin At(i)$ 并且$\Diamond_i \ell(p)$ 为真，那么$\ell(p)$一定为真。

定理 1　CL－PC 是完全的且可靠的。

第三节　社会选择函数逻辑(SCFL)

本节给出了一个用于推理社会选择函数的逻辑。这个逻辑也是基于模态逻辑的，想法来源于命题控制联盟逻辑（CL－PC），在 CL－PC 的基础上，增加了表示获取个体偏好的算子。这个逻辑能够表达社会选择函数的很多属性，例如非独裁、防策略和单调性等，并且它是可判定的。

一　SCFL 的语言及语义

令 X 是任意命题集。V 是 X 的一个子集，$V \subseteq X$，其中，在 V 中的命题赋值为 tt（真），在 $X \setminus V$ 中的命题赋值为 ff（假）。我们用Θ^X表示 X 上的可能赋值集。

N 是投票者集，K 是结果集，通过一个投票者 $i \in N$，命题控制集设计为 $At[i, K] = \{p^i_{x>y} \mid x, y \in K\}$。每个$p^i_{x>y}$是投票者（或主体）i 的一个命题控制，表示投票者 i 的偏好结果为 x 至少和 y 一样好。我们定义 $At[N, K] = \cup_{i \in N} At[i, K]$，表示所有命题控制集。

对于每个投票者 i，我们定义策略［i，K］作为赋值 $V \in \Theta^{At[i,K]}$的集合。使得：（1）$p^i_{x>y} \in V$；（2）如果 $x \neq y$，那么 $p^i_{x>y} \in V$ 当且仅当 $p^i_{x>y} \notin V$；（3）如果 $p^i_{x>y} \in V$ 并且 p

$p^{i}_{y>z} \in V$，那么 $p^{i}_{x>z} \in V$。

备注 2　每个 $p^{i}_{x>y}$ 可以被看作一个谓词表达式 p（i，x，y），即投票者 i 的偏好结果是 x 大于 y，即投票者 i 更偏好于 x。然而，因为 N 和 K 是有穷的，我把这些表达式看作一个有穷的命题集。

对于每个联盟 $C \subseteq N$，令策略［C，K］是 $vC = (vi)_{i \in c}$ 的集合，其中 $v_{i \in}$ 策略［i，K］。它是联盟 C 的策略集。一个状态（或者偏好意向表）是策略［N，K］的一个元素，就是说，联盟策略包括所有投票者。现在，我们定义社会选择函数的模型。

定义 11（社会选择函数模型）　给定主体集 N 和结果集 K，一个社会选择函数的模型是一个四元组 M = <N，K，out，(i) >，使得：

out：策略［N，K］→K，即每个状态到结果的映射；

对于 $i \in N$，$<_{i} \in L(K)$ 是 i 的真实偏好序。

因此，每个投票者 i 有两个层次的偏好：（1）真实的偏好，由 <i 给出。（2）报出的偏好，可能是虚假的，由在策略［i，K］中的值给定。

定义 12（语言）　Lscf［N，K］的语言定义如下：

$$\varphi ::= \top \mid p \mid x \mid \neg\varphi \mid \varphi \vee \varphi \mid \Diamond_{c}\varphi \mid \blacklozenge_{i}\varphi$$

其中，p 是 At［N，K］的原子，x 是 K 的原子，$i \in N$，C 是一个联盟。给定一个模型 M 和状态，公式 $\Diamond_{c}\varphi$ 表示如果不属于联盟 C 的投票者坚持他们的当前策略 v_{C}，那么联盟 C 有策略，使得 φ 成立。公式 $\blacklozenge_{i}\varphi$ 表示 i 当前考虑一个声称意向表，其中 φ 为真至少是其偏好的。

定义 13（语义）　给定一个模型 M = < N，K，out，（$<_i$）>，在 M 中，状态 v =（v_1，…，v_n）是赋值 $v_i \in$ 策略［i，K］的一个 n 元组，L^{scf}［N，K］真值递归定义如下：

M，v ⊨ p　　当且仅当 p ∈ v_i，i ∈ N

M，v ⊨ x　　当且仅当 out（v）= x

M，v ⊨ ¬φ　　当且仅当 M，v ⊭ φ

M，v ⊨ φ∨ψ　　当且仅当 M，v ⊨ φ 或 M，v ⊨ ψ

M，v ⊨ $\Diamond_C$φ　　当且仅当存在一个状态 u，使得对于任意 i ∉ C 且 M，u ⊨ φ，$v_i = u_i$

M，v ⊨ $\blacklozenge_i$φ　　当且仅当存在一个状态 u，使得 out（v）$<_i$ out（u）且 M，u ⊨ φ

另外，我们有：M，v ⊨ $p^{i}_{x>y}$ 当且仅当 $p^{i}_{x>y}$ ∈ vi

在投票者集 N 和结果集 K 上，φ 的真值可记为 ∧ ⊨ $\wedge_s$cf［N，K］φ。按照习惯，我们可以定义其他的逻辑联结符，命题联结词还可以用∨，→，↔。我们可以定义 $\Box_C\varphi \triangleq \neg\Diamond C \neg\varphi$ 和 $\blacksquare_i\varphi \triangleq \neg\blacklozenge_i\neg\varphi$。

定理 2（可判定性）　判定公式 φ ∈ L^{scf}［N，K］是否可满足的问题是可判定的。

证明：投票者集 N 和结果集 K 是有穷的。因此，我们能列举在投票者集 N 和结果集 K 上的每个社会选择函数 SCF 的模型，并且检查 φ 是否可满足。

二　SCFL 的公理及推理规则

下面给出社会选择函数逻辑的公理及推理规则：

- 常量控制

(refl) $p^{i}_{x>x}$

(antisym - total) $p^{i}_{x>x} \leftrightarrow \neg p^{i}_{y>x}$， $x \neq y$

(trans) $p^{i}_{x>y} \wedge p^{i}_{y>z} \leftrightarrow p^{i}_{x>z}$

• 命题控制

(prop) φ，其中 φ 是一个命题重言式

(K (i)) $\Box_i (\varphi \rightarrow \psi) \rightarrow (\Box_i \varphi \rightarrow \Box_i \psi)$

(T (i)) $\Box_i \varphi \rightarrow \varphi$

(B (i)) $\varphi \rightarrow \Box_i \Diamond_i \varphi$

(comp∪) $\Box_{C1} \Box_{C2} \varphi \leftrightarrow \Box_{C1 \cup C2} \varphi$

(confl) $\Diamond_i \Box_j \varphi \rightarrow \Box_j \Diamond_i \varphi$

(empty) $\Box_{\varnothing} \varphi \leftrightarrow \varphi$

(exclu) $(\Diamond_i p \wedge \Diamond_i \neg p) \rightarrow (\Box_j p \vee \Box_j \neg p)$，其中 $j \neq i$

(ballot) $\Diamond_i \, ballot_i (<)$

(comp - At) $\Diamond_{C1} \delta_1 \wedge \Diamond_{C1} \delta_2 \rightarrow \Diamond_{C1 \cup C2} (\delta_1 \wedge \delta_2)$

• 结果和偏好

(func1) $\bigvee_{x \in K} (x \wedge \bigwedge_{y \in K \setminus \{x\}} \neg y)$

(func2) $(ballot(<) \wedge \varphi) \rightarrow \Box_N (ballot(<) \rightarrow \varphi)$

(incl) $\Box_N \varphi \rightarrow \blacksquare_i \varphi$

(k (<i)) $\blacksquare_i (\varphi \rightarrow \psi) \rightarrow (\blacksquare_i \varphi \rightarrow \blacksquare_i \psi)$

(4 (<i)) $\blacklozenge_i \blacklozenge_i \varphi \rightarrow \blacklozenge_i \varphi$

(antisym′)

$(ballot(<) \wedge \blacklozenge_i ballot(<')) \rightarrow \Box_N (ballot(<') \rightarrow \blacksquare_i \neg ballot(<))$

(total′)

$(ballot(<)\land\blacklozenge_i ballot(<')) \lor \square_N(ballot(<')\to\blacklozenge_i ballot(<))$

(unifPref)　　$(x\land\blacklozenge_i y)\to(x\blacktriangleleft_i y)$

- 推理规则

分离规则　（MP）　$\dfrac{\varphi,\varphi\to\psi}{\psi}$

必然化规则（Nec（$\square_i$））　$\dfrac{\varphi}{\square_i\varphi}$

下面给出详细解释：

(refl)，（antisym - total）和（trans）表示每个投票者投出其控制原子的一个合适值，一个赋值必须是一个线性序。

(comp∪）表示根据子联盟的能力，定义联盟的能力。算子$\square_C$的传递性是（comp∪）的结果。

(empty）表示空联盟没有能力。

(comp∪）和（confl）一起可以确定主体的选择是独立的。

(exclu）表示如果一个原子是可以被投票者 i 控制的，那么其他投票者不能改变它的值。

(ballot）确定主体总是可以投出任意偏好。

(comp - At）表示假定δ_1和δ_2不包括一般控制原子，如果一个联盟 C_1 可以力迫δ_1，并且 C_2 可以力迫δ_2，那么它们可以力迫$\delta_1\land\delta_2$。

(func1）表示对于每个行动意向表，存在有且仅有一个结果。

(func2）保证通过赋值，结果是唯一被确定的。

(incl）保证如果某些事情已经设定，那么一个投票者不能偏好他的另一方。

$(4(<_i))$ 刻画传递性。

(antisym′) 和 (total′) 力迫反对称和完全状态上的偏好关系。

(unifPref) 指定偏好和结果之间的互动。

定理3（可靠性与完全性） 关于社会选择函数模型 SCF 的类，$\Lambda^{scf}[N, K]$ 是可靠的并且完全的。

证明：完全性的证明首先给出了一个等价但是更标准的逻辑：社会选择函数 SCF 的克里普克（Kripke）模型。然后我们建立了典范模型。对于每个一致的公式 φ，我们表明如何来分离一个子模型 M_φ，我们证明这个子模型是满足 φ 的社会选择函数的 Kripke 模型。

下面我们进一步给出详细的证明：

我们表明如果一个公式是一致的，那么在系统 $\Lambda^{scf}[N, K]$ 中，它是可证明的。

我们首先引入社会选择函数的 Kripke 模型。社会选择函数的 Kripke 模型是一个六元组 $M = <N, K, S, (R_i), (P_i), V>$，使得：

——N 和 K 是参数；

——$S = \{V \in \Theta^{At[N,K]} \mid \forall i \in N, \exists V_i \in strategies[i, K]$ 使得 $V = \cup_{i \in N} V_i\}$；

——V 是 $At[N, K] \cup K$ 的一个赋值函数，其中对于每个 $v \in S$：

- $p \in V(v)$ 当且仅当 $p \in v$，$p \in At[N, K]$。
- 存在一个唯一的 $x \in K$，使得 $x \in V(v)$；当 $out^M(v) = x$ 当且仅当 $x \in V(v)$，我们称这个模型是基于结果函数 out^M。

——对于所有的 $j \neq i$，$R_i vu$ 当且仅当 $v_j = u_j$。

——存在一个 $< M \in L(K)^N$ 使得 $R_i vu$ 当且仅当（如果 $x \in V(v)$ 并且 $y \in V(u)$，那么 $x <_i^M y$）。

在一个社会选择函数 SCF 的 Kripke 模型中，$\Diamond_i \varphi$ 和 $\blacklozenge_i \varphi$ 的真值被包含在关系 R_i 和 P_i 的标准方法中。

我们可以看到，对于每个基于 out^M 和 $<^M$ 的 Kripke 模型 M，我们能构建一个社会选择函数的模型 $M^{scf} = <N, K, out^M, (<_i^M)>$。

通过构建，对于每个 $p \in At[i, K]$，我们有 $p \in V(s)$ 当且仅当 $p \in v_i$，存在一个双射 $f: S \to strategies[N, K]$，将 M 中的状态 s 和在 M^{scf} 中的状态 $v = (v_1, \cdots, v_n)$ 以上面的方式相联。

接下来，我们很简易得到下面四个断言。

断言 1　$M, S \models \varphi$ 当且仅当 $M^{scf}, f(s) \models \varphi$

断言 2　$M_\varphi, \Gamma \models \delta$ 当且仅当 $\delta \in \Gamma$

断言 3　下面的语句是真的：

（1）$\forall \Delta \in S', \exists! < \in L(K)^N$ 使得 $ballot(<) \in \Delta$

（2）$\forall \in L(K)^N, \exists! < \Delta \in S'$ 使得 $ballot(<) \in \Delta$

断言 4　M_φ 是社会选择函数 SCF 的一个 Kripke 模型。

第四节　防策略投票相关性质的表达

一　投票

定义 14（投票）　对于每个投票者 $i \in N$，每个 $<_i \in L(K)$ 可看作 K 的元素的一个排列 $[x_1, x_2, \cdots]$。其中，越

靠近左边的结果，越是投票者 i 所偏爱的，我们可以形式化“声称偏好”，也就是投票者 i 已经投出的选票：

$$\text{ballot}_i\ (<)\ \stackrel{\Delta}{=}\ p^i_{x_1>x_2} \wedge p^i_{x_2>x_3} \wedge \cdots p^i_{x_{|K|-1}>x_{|K|}}$$

那么，公式 $\text{ballot}_i\ (<)\ \stackrel{\Delta}{=} \bigwedge_{i\in N} \text{balloti}\ (<)$ 就是声称偏好意向表 $< = (<_1, \cdots, <_n)$ 的具体化。

备注 3　对于每个 $< \in L(K)$，公式 ballot（<）在有且仅有一个状态上是真的。混合逻辑（Hybrid Logic）认为公式 ballot（<）是在目标语言中的一个加标有效状态。

例子 3　假设 N = {1，2}，K = {a，b，c}。偏好意向表 $(<^{ex}_1, <^{ex}_2) \in L(K)^N$，给定两个排列数据，即［a，c，b］和［c，a，b］，分别代表投票者 1 和投票者 2 的偏好。偏好意向表在语言 L^{scf}［{1，2}，{a，b，c}］中表示如下：

$$\text{ballot}\ (<^{ex})\ \stackrel{\Delta}{=}\ p^1_{a>c} \wedge p^1_{c>d} \wedge p^2_{c>a} \wedge p^2_{a>b}$$

在 {1，2} 和 {a，b，c} 上的社会选择函数的模型是有效的，如下：

$$\text{ballot}\ (<^{ex}) \leftrightarrow p^1_{a>a} \wedge p^1_{b>b} \wedge p^1_{c>c} \wedge p^1_{a>c} \wedge p^1_{c>d} \wedge p^1_{a>b} \wedge \neg p^1_{c>a} \wedge \neg p^1_{b>c} \wedge \neg p^1_{b>a} \wedge p^2_{a>a} \wedge p^2_{b>b} \wedge p^2_{c>c} \wedge p^2_{c>a} \wedge p^2_{a>b} \wedge p^2_{c>b} \wedge \neg p^2_{a>c} \wedge \neg p^2_{b>a} \wedge \neg p^2_{b>c}$$

二　社会选择函数 SCF 的刻画

社会选择函数 SCF 的模型是一个四元组 M = < N，K，out，$(<_i)$ >，其中，$<_i$ 是投票者的真实偏好，out 是结果

K 的赋值函数。在赋值和偏好意向表之间是一一对应的：偏好意向表 P（v）和相对应的赋值 v 是关系 <，即 $x >_i y$ 当且仅当 $p^i_{x>y} \in v$。另外，赋值 V（<）与 < 是集合 $\{p^i_{x>y} \mid x >_i y\}$。

如果对于每个策略意向表 < 和其相应的赋值 v（如 V（<）= v 并且 P（v）= <），我们有 o（v）= F（<），那么，我们说一个模型 M = < N，K，out，（$<_i$）> 和一个社会选择函数 F：$L(K)^N \to K$ 是相对应的。

语法定义如下：

$$\rho^F = \bigwedge_{< \in L(K)^N} \Diamond_N(\text{ballot}(<) \wedge F(<))$$

注意$\Diamond_N$很重要，它允许我们量化所有在$\Theta^{At[N,K]}$上的可能的赋值，或者选票。

给定结果集 K，投票者集 N 和社会选择函数 F，公式 ρ^F 说明每个意向表 < 和 F（<）作为结果，一起出现在模型中。因为在 $L(K)^N$ 中，模型的状态是所有可能的意向表，并且每个意向表正好出现一次，我们可以将ρ^F定义如下：

$$\rho^F = \bigwedge_{< \in L(K)^N} (\text{ballot}(<) \to F(<))$$

很明显，这个逻辑在刻画 SCF 时，是表达力完全的。就是说，对于每个社会选择函数 F，投票者集 N，和结果集 K，存在一个公式$\rho^F \in L^{scf}[N, K]$可以来刻画它。我们一般只考虑公式$\Diamond_N(\text{ballot}(<) \wedge x)$的合取，其中，$< \in L(K)$ 和 F（<）= x。

例子 4　考虑下面的社会选择函数的模型，如图 4－4。其中投票者 1 选择行，投票者 2 选择列，并且投票者 3 选择表。有两个结果 a 和 b。因此，每个投票者 i 控制原子集合 $\{p^{i}a > a, p^{i}_{b>b}, p^{i}_{a>b}, p^{i}_{b>a}\}$。每个投票者 i 有两个策略：$p^{i}_{a>a} \wedge p^{i}_{b>b} \wedge p^{i}_{a>b} \wedge \neg p^{i}_{b>a}$ 和 $p^{i}_{a>a} \wedge p^{i}_{b>b} \wedge \neg p^{i}_{a>b} \wedge p^{i}_{b>a}$，在逻辑 Λ^{scf}［｛1，2，3｝，｛a，b｝］中我们可以分别表示为［a，b］和［b，a］，事实上，它们分别等价于公式 $p^{i}_{a>b}$ 和 $p^{i}_{b>a}$。

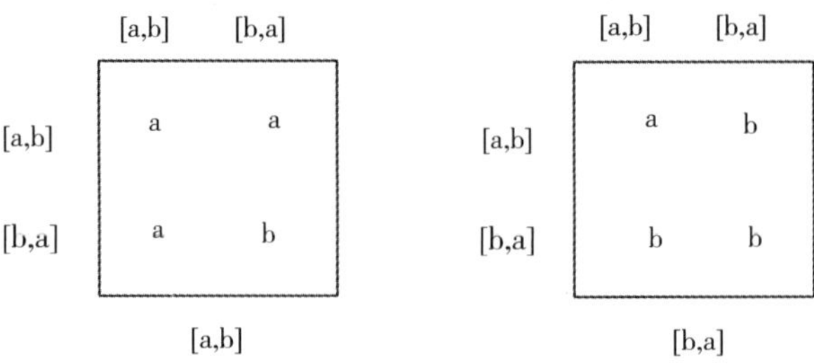

图 4－4　社会选择函数模型

在逻辑 Λ^{scf}［｛1，2，3｝，｛a，b｝］中，我们可以表示如下：

$$\rho^{F} \stackrel{\Delta}{=} a \leftrightarrow (p^{1}_{a>b} \wedge p^{2}_{a>b}) \vee (p^{1}_{a>b} \wedge p^{3}_{a>b}) \vee (p^{2}_{a>b} \wedge p^{3}_{a>b})$$

三　真实偏好

我们已经看到如何使用在 At［i，K］中的原子，来表示投票者 i 已宣告的偏好或选票。我们用模态算子 $\blacklozenge_{i}$ 来表示投票者 i 的真实偏好。

从 L^{scf}［N，K］中，我们定义偏好的广域二元算子 $\psi \blacktriangleleft_{i} \varphi$。它读作"所有 φ 要好于所有 ψ"。

$$\psi \blacktriangleleft_{i} \varphi \stackrel{\Delta}{=} \Box_{N} \bigvee_{< \in L(K)^{N}} (\mathrm{ballot}(<) \wedge (\varphi \rightarrow \Box_{N}(\psi \rightarrow \blacklozenge_{i}\mathrm{ballot}(<)))$$

投票者 i 判断命题 φ 至少和 ψ 一样好，当且仅当已宣告的偏好意向表是 <，并且 φ 在 ballot（<）的加标状态上成立，那么，在一个状态中，不管 ψ 什么时候成立，i 都偏好于 ballot（<）的加标状态。

假设 x 和 y 是两个可能的结果，公式 $y \blacktriangleleft_i x$ 表明了相对于结果 x，投票者 i 更偏好于结果 y 这一事实。因此，对于一个偏好意向表 $< \in L(K)^N$，我们形式化投票者 i 的偏好 $[x_1, x_2, \cdots]$ 如下：

$$true_i(<) \stackrel{\Delta}{=} (x_{|K|} \blacktriangleleft_i x_{|K|-1}) \wedge \cdots \wedge (x_3 \blacktriangleleft_i x_2) \wedge (x_2 \blacktriangleleft_i x_1)$$

那么，公式

$$true_i(<) \stackrel{\Delta}{=} \bigwedge_{i \in N} true_i(<)$$

是真实偏好意向表 $< = (<_1, \cdots, <_n)$ 的形式化表示。

四　非独裁

在刻画防策略之前，我们先给出如下的几个概念。

定义 15（非独裁）　一个社会选择函数 F 是非独裁的，当且仅当对于所有主体 $i \in N$，存在一个投票 $< \in L(K)^N$，使得对于某些 $y \in K \setminus \{F(<)\}$，$F(<) <_i y$。

这说明，对于每个投票者，存在一个选票 <，选票的结果是 F（<），并且 i 所偏好的结果不是 F（<）。

形式定义如下：

$$NODICT \stackrel{\Delta}{=} \bigwedge_{i \in N} \Diamond N\left(\bigvee_{x \in k}\left(x \wedge \bigvee_{y \in k \setminus \{x\}} p^{i}_{y > x}\right)\right)$$

由此，我们得到下面的命题。

命题 1　F 是非独裁的当且仅当 $\models \wedge^{scf}[N, K]\rho^{F} \rightarrow NODICT$

五　占优策略均衡

为了刻画防策略，我们需要先刻画一个占优策略均衡（dominant strategy equilibrium）。通俗地说，占优策略就是无论其他参与者采取什么策略，某参与者的唯一的最优策略就是他的占优策略。占优策略均衡就是指博弈中所有参与者的占优策略组合所构成的均衡。关于占优策略均衡，我们可以用支付矩阵来说明，如表 4－1 所示。

表 4－1　策略选择

甲	乙		
		合作	不合作
	合作	(10 10)	(6 12)
	不合作	(12 6)	(8 8)

表 4－1 中分析了甲、乙两个参与者的策略选择，可以看出不论乙采取合作态度还是不合作态度，甲都选择不合作策略（甲从自己利益最大化出发），同时，无论甲选择何种策略，乙都选择不合作策略。所以，不合作策略是甲和乙的最优策略。我们给出占优策略更一般的定义：无论其他参与者采取什么策略，某参与者的唯一的最优策略就是他的占优策略。也就是说，如果某个参与者具有占优策略，那么无论其他参与者采取什么策略，该参与者都确信自己的选择是唯一的且是最优的。在表 4－1 中（不合作，不合作）这一对策略组合下的博弈状态可以被称为占优策略。一般地说，由博

弈中所有参与者的占优策略组合所构成的均衡状态就是占优策略均衡。在一个博弈中，只要每一个参与者都具有占优策略，那么该博弈一定存在占优策略均衡。

定义 16（占优策略均衡）　令 v^* 是社会选择函数模型 $<N, K, out, (<i)>$ 中的一个状态。v^* 是一个占优策略均衡，当且仅当对于每个投票者 $i \in N$ 和每个策略 $u_N \setminus \{i\} \in$ strategies $[N \setminus \{i\}, K]$，有 out $(u_0 \cdots u'_i \cdots u_n) <i$ out $(u_0 \cdots v_i^* \cdots u_n)$（对于每个 $u'_i \in$ strategies $[i, K]$）。

接下来，我们还要引入一个最优反应（best response）的概念。最优反应就是假如其他人所采取的行动是已知或者能被预测的，根据这个已知的或可预测的行动而采取的能使自己的收益最大化的战略，称为最优反应。每个主体的最优反应策略，依赖于其他主体的可行策略，或者说，是可行策略函数的最优反应。

$$BR_i \overset{\Delta}{=} \bigvee_{x \in K} (x \wedge \Box_i \blacklozenge_i x)$$

由最优反应的概念，我们现在定义策略均衡如下：

$$DOM \overset{\Delta}{=} \bigwedge_{x \in K} \Box_N \setminus \{i\} BR_i$$

命题 2　假设社会选择函数模型 M 和状态 v^*，v^* 是一个占优策略均衡当且仅当 M，$v^* \models DOM$。

六　单调性

社会选择函数中的一个重要概念是单调性（monotonicity）。单调性意味着，如果某一方案在一种环境中是可取的社会选择，而在另一环境中，在大家的偏好排序中这个方案与其他方案比较其相对地位没有下降，那么在后一环境中，这个方案也应该成为社会选择。下面我们给出其定义。

定义 17（单调性）　一个社会选择函数 F 是单调的，当且仅当对于所有的 $\{<, <'\} \subseteq L(K)N$，$x \in K$，如果 $F(<) = x$ 并且如果对于所有的 $i \in N$，对于所有的 $y \in K$，$y <_i x$ 可以推出 $y <'_i x$，那么 $F(<') = x$。

形式化如下：

$$MON \overset{\Delta}{=} \bigwedge_{<\in L(K)^N} \bigwedge_{<'\in L(K)^N} \bigwedge_{x\in K} [\Diamond_N(ballot(<) \wedge x) \wedge \bigwedge_{i\in K} \wedge \bigwedge_{y\in K} (\Diamond_N(ballot(<) \wedge p^i_{x>y}) \rightarrow \Diamond_N(ballot(<') \wedge p^i_{x>y})) \rightarrow \Diamond_N(ballot(<') \wedge x)]$$

接下来，我们得到下面的命题。

命题 3　F 是单调的，当且仅当 $\vDash \wedge^{scf} [N, K] \rho^F \rightarrow MON$

可见，单调性并不依赖于投票者的真实偏好意向表。所以，定义中不包括表示偏好的算子$\blacklozenge_i\varphi$和$\varphi \blacktriangleleft_i \psi$。

七　防策略

下面我们来刻画防策略这一重要的概念。

定义 18（防策略）　一个社会选择函数 F 是防策略的当且仅当 F 是真实 DOM－实现。

可见，在占优策略中，当它是真实实现时，社会选择函数是防策略的。也即对于每个偏好意向表，说出他的真实偏好是一个占优策略。

启示原则（revelation principle）是机制设计理论（mechanism design theory）的基本概念。启示原则告诉我们，如果社会选择函数 F 在占优策略是实施的，那么存在一个直接机制，使得对于每个偏好意向表 < 是一个占优策略，并且结果是 F（<）。[①]

定理 4　在占优策略中，直接机制 g 是社会选择函数 F 的真实实现，当且仅当 g DOM－实现 F。[②]

可见，在占优策略的线性偏好下，实现和真实实现的概念是一致的。

防策略社会选择函数形式化如下：

$$\text{STRPROOF} \stackrel{\Delta}{=} \bigwedge_{<\in L(K)^N} [\text{true}(<) \rightarrow (\text{ballot}(<) \rightarrow \text{DOM})]$$

接下来，我们给出下面的命题。

命题 4　F 是防策略的，当且仅当 $\models \bigwedge^{scf}[N, K]\rho^F \rightarrow \text{STRPROOF}$

这个命题阐明了判断社会选择函数是否防策略的一般过程。另外，定理 4 中，因为我们限制在线性偏好下，所以我们有必要检查一个社会选择函数是否 DOM－实现。下面，我们给出了一个例子。

例子 5　我们可以验证例 4 中所刻画的社会选择函数是防策略的。

$$\models \bigwedge^{scf[\{1,2,3\},\{a,b\}]} (a \leftrightarrow p^1_{a>b} \wedge p^1_{a>b}) \vee (p^1_{a>b} \wedge p^3_{a>b}) \vee$$

---

① Gibbard A.，"Manipulation of Voting Schemes：A General Result"，*Econometrica：Journal of the Econometric Society*，1973，pp. 587－601.

② Dasgupta P，Hammond P，Maskin E.，"The Implementation of Social Choice Rules：Some General Results on Incentive Compatibility"，*The Review of Economic Studies*，1979，p. 21.

$(p^2_{a>b} \wedge p^3_{a>b}))\rightarrow$STRPROOF

定理5 一个SCF在占优策略中是真实实现的当且仅当它是单调的。①

在实现理论中，表示单调性的概念和防策略是相匹配的。由定理5，我们得到下面的命题，命题5说明了防策略和单调性的关系。

命题5 $\models \wedge^{scf}[N, K]$ MON $\leftrightarrow$STRPROOF

第五节 结论和进一步的研究

在本章中，提出了社会选择函数逻辑，它可以刻画投票、真实偏好等概念，也可以刻画非独裁、防策略、单调性等性质，表明这种逻辑语言可以很好地刻画社会选择函数。特别是，我们借助社会选择函数逻辑还可以判断社会选择函数是否防策略这个问题，这一点具有很重要的现实意义。

然而，这种逻辑语言也有一些有待改进的地方，一方面，模型的类和语言被候选人集合A参数化；另一方面，要求候选人集合是有穷的。特别是，防策略的表达对于不同候选人的集合是不同的。如果候选人的集合是无穷的，那么这个属性就不能被表达。

另外，近十几年来，学者越来越关注逻辑和计算机的结合，以解决更多的问题。比如国外的逻辑学习软件，用计算

---

① Dasgupta P., Hammond P., Maskin E., "The Implementation of Social Choice Rules: Some General Results on Incentive Compatibility", *The Review of Economic Studies*, 1979, p. 22.

机来模拟逻辑的思想和方法，实现了逻辑教学的可视化。[①]鉴于此，我们可以考虑设计一个形式工具来辅助分析和设计社会选择过程，特别是，我们希望这种设计可以自动地分析社会选择过程，也即对分析防策略投票理论的逻辑研究进行计算机模拟处理，其方法是将分析其防策略投票的形式语言生成为计算机可识别的代码，从而实现计算机对防策略问题的模拟和解决，这可以作为今后进一步研究的方向。

① 李娜、孙雯：《国外逻辑学习软件初探》，《逻辑学研究》2011 年第 4 期。

第五章　基于多主体策略逻辑的防策略投票理论

本章第一节介绍多主体策略博弈模型和投票模型。第二节介绍用于刻画个体或群体策略的多主体策略逻辑的语言和语义。第三节探讨基于 MASL 来刻画社会选择理论或防策略投票理论中的一些相关性质，如“防策略”“独裁”等；并给出 MASL 和 CL 的联系，即通过翻译指令 Tr，可以将 CL 转换为 MASL。第四节对 MASL 进行认知扩张，给出了认知多主体策略逻辑 EMASL，并刻画“知道独裁”“知道防策略”。

本章主要参考了范·艾吉克的论文《命题动态逻辑作为多主体策略逻辑》[①] 和范·本特姆 2012 年的论文《赞扬策略》[②]。

第一节　多主体联盟策略博弈模型

定义 1　一个策略博弈形式是一个序对：（n，$\{S_i\}_i \in$

---

① van Eijck J.，“PDL as a Multi - Agent Strategy Logic”，TARK，Chennai，2013.

② van Benthem J.，“In Praise of Strategies. Games”，*Actions and Social Software*，2012，pp. 96 - 116.

{1, …, n}), 其中

- {1, …, n} 是主体的集合, 其中 $n>1$。
- S_i 是策略的非空集合, 也是对于主体 i 的有效行动。在这里, 我们限定博弈的形式是有穷的, 即每个 S_i 是有穷的非空集合。

N 表示主体的集合 {1, …, n}, S 表示 $S_1\times\cdots\times S_n$。这样, 对于每一个主体, 一个策略意向表 s 是一个 n 元组。如果 s 是一个策略意向表, 我们使用 s_i 表示它的第 i 个元素。策略意向表和博弈结果是一一对应的, 事实上, 我们可以把 $s\in S$看作博弈结果。

例子 1　在博弈论中, 有一个著名例子是由塔克给出的"囚徒困境"(prisoners' dilemma) 博弈模型。对于有两个主体的囚徒困境 (PD)。两个主体都有两个策略: c 表示合作, d 表示对抗。可能的博弈结果是四个策略意向表 (c, c), (c, d), (d, c), (d, d), 如表 5-1 所示。

表 5-1　　**囚徒困境**

	c	d
c	c, c	c, d
d	d, c	d, d

另外, 博弈的结果也很重要, 对于博弈形式 (N, S) 来说, o: $S\rightarrow P$ 是结果函数。对于囚徒困境博弈的例子, o 是值域为 {x, y, z, u} 2 的函数, 如表 5-2 所示。

如果 $C\subseteq N$, 我们令 $S_C=\prod_{i\in c}S_i$ 是对于 C 的群体策略的集合。如果 $s\in S_C$ 并且 $t\in S_{N-C}$, 我们使用 (s, t) 表示策略意向表, 例如, 对于策略意向表 u, 可得

表 5－2　　　　　　　　　　囚徒困境的值域

	c	d
c	x，x	y，z
d	z，y	u，u

如果 $i \in C$，那么 u（i）＝s（i），否则 u（i）＝t（i）

对于囚徒困境博弈中的群体策略有下面的策略意向表，如图 5－1 所示。

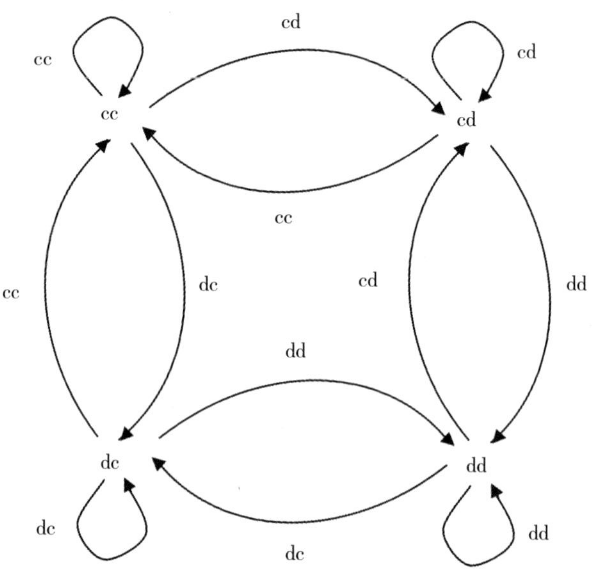

图 5－1　囚徒困境博弈中的群体策略

定义 2（抽象的博弈形式）　一个抽象的博弈形式 G 是一个三元组：

$$(N,\ S,\ \{\geqslant_i\}_{i \in N})$$

其中，（N，S）是一个博弈结构，$\geqslant_i$ 是 $S_1 \times \cdots \times S_n$ 上的偏好关系。这些偏好关系假定是传递的、自反的和完全的。

其中，完全性意味着对于所有不同的 s，$t \in S$，$s \geqslant_i t$，$t \geqslant_i s$ 都成立。

收益函数是指每个参与人在参与博弈时依据其所属类型和选择的行动可获得的收益。研究收益函数的目的，是选择参与者的最优策略（optimal strategy），即策略集合中能使其效用最大化的策略。在囚徒困境博弈的例子中，偏好可以固定为 $z > x > u > y$。对于主体 i 来说，收益函数（payoff function）或效用函数（utility function）就是一个从策略意向表到真实数字的函数 u_i，对于所有策略意向表 s、t，如果 $s \geqslant_i t$，当且仅当 $u_i(s) \geqslant_i u_i(t)$，那么，一个收益函数 u_i 代表主体 i 的偏好序 $\geqslant_i$。

定义 3（带有效益的策略博弈形式）　一个带有效益的策略博弈 G 是一个三元组：

$$(N, \{S_i\}_{i \in N}, \{u_i\}_{i \in N})$$

其中，$N = \{1, \cdots, n\}$，u_i：$S_1 \times \cdots \times S_n \rightarrow \Re$ 是一个给出效益的函数。在博弈中，主体的目的是最大化其个体的效用，我们用 u 作为效用函数，并将其看作一个效益向量。

例子 2　博弈中，带有效益的囚徒困境可表示如表 5-3：

表 5-3　　带有效益的囚徒困境

	c	d
c	2，2	0，3
d	3，0	1，1

需要注意的是：效益函数可以看作结果函数的一个特例。在带有效益的囚徒困境中，我们可以把效益函数看作一

个值域为 $\{0, 1, 2, 3\}^2$ 的结果函数。

下面我们假定结果函数是 $o: S \to P$，我们可以将博弈形式看成一个模型的框架，这个博弈包括作为模型的结果函数，在状态 s 中，使 p 为真的赋值的条件是：当且仅当 $s \in o^{-1}(p)$。

定义 4　令 (s'_i, s_{-i}) 是一个策略意向表。在 s 中，如果 $\forall s'_i \in S_i$，$u_i(s) \geqslant u_i(s'_i, s_{-i})$，那么策略 s_i 是一个最优应对（best response）。

定义 5　在 s 中，如果每个 s_i 是一个最优应对，并且 $\forall i \in N\ \forall s'_i \in S_i$，$u_i(s) \geqslant u_i(s'_i, s_{-i})$，那么一个策略意向表 s 是一个纯纳什均衡（pure Nash equilibrium）。如果 G 有一个纯纳什均衡，那么博弈 G 是纳什的（Nash）。

上面的这些关键概念将在讨论 MASL 的表达力中出现。

第二节　投票博弈

一　投票作为多主体策略博弈

投票就是基于投票者的偏好，从候选人的有穷集合 A 中选择一个或多个结果的过程。投票可以被看作多主体的决策，主体就是投票者。

假定投票者的偏好由一个选票表示，其中一个选票是 A 的一个线性序。令 $ord(A)$ 是 A 上的所有选票的集合。如果有三个候选人 a,b,c，并且投票者的偏好是 $a > b > c$，那么他的选票就是 abc。

假定投票者的集合是 $N = \{1,\cdots,n\}$。如果我们使用 b,b' 作为选票的范围，那么一个意向表 P 就是一个选票的向量

$(b_1, \cdots, b_n)$。在 P 中，我们使用 P_i 作为投票者 i 的选票。$(abc, abc, bca, abc, cab, acb)$ 就代表意向表 P，其中每一个投票者的选票是 abc，第二个投票者的选票是 abc，第三个投票者的选票是 bca，以此类推。

我们在第二章中定义了投票规则，我们这里仍采用这个定义，P（A）是所有（A，n）－意向表的集合，给定的 n∈N，函数 V：P（A）→A 是 A 的一个单值投票规则。函数 V：P（A）$\rightarrow \wp^{+}$(A) 是 A 的一个投票规则。

这里，多数投票规则（absolute majority）是指一项集体行动计划须在得到参与者中半数或者超过半数以上的比例认可的情况下，才能达成协议的一种集体决策规则，可分为简单多数投票规则和绝对多数投票规则。它和相对多数制不同（plurality），即不论票数多少，得票最多的候选人便可当选。

令 $P \sim_i P'$，表示在投票者 i 的选票中，意向表 P 和 P′不同。

策略就是由一个选票 b′替换选票 b ，以期待得到一个更好的结果，某种程度上说，“更好”可以决定“效益”（pay－off）。有很多方式可以解释“更好”，我们解释如下：

定义 6　如果 X 更好（better）于 Y，就是说，如果每个 x∈X 至少和 y∈Y 一样好，并且存在某个 x∈X 更好于某个 y∈Y。形式化如下：

假设 X，Y⊆A，X≠∅，Y≠∅，b∈ord（A）。如果对于 X 中的任意元素 x 以及 Y 中的任意元素 y，满足 x＝y 或者在 b 中 x 在 y 上面，并且存在 X 中的元素 x 以及 Y 中的元素 y，使得在 b 中 x 在 y 上面，那么 $X >_b Y$。

定义7　一个投票规则是防策略的，如果 $P\sim_i P'$，意味着 $V(P)\geqslant_b V(P')$，其中 $b=P_i$（$\geqslant_b$ 表示“更好”）。

二　投票博弈中的群体行动

为了说明投票中的策略推理和联盟形式，我们给出了一个扩展的例子。

假设有三个投票者 1、2、3 和三个候选人 a、b、c，投票规则是相对多数规则，投票结果如表 5－4 所示：

表 5－4

a：

	a	b	c
a	a	a	a
b	a	b	a，b，c
c	a	a，b，c	c

b：

	a	b	c
a	a	b	a，b，c
b	b	b	b
c	a，b，c	b	c

c：

	a	b	c
a	a	a，b，c	c
b	a，b，c	b	c
c	c	c	c

为了决定效益函数，我们需要知道投票者的一些信息。假设投票者 1 有真实选票 abc。那么对于投票者 1 的投票结果如下：

$$a > b > c \text{ 并且 } a > \{a, b, c\} > c$$

然后，我们给出效益函数的值为：

$$f(a) = 2,\ f(b) = f(\{a, b, c\}) = 1,\ f(c) = 0$$

如果对于其他投票者也一样，那么根据相对多数规则，这就给定了投票的策略博弈。假设投票者 1 有选票 abc，投票者 2 有选票 bca，投票者 3 有选票 cab。给定下面的策略博弈形式，如表 5－5 所示。

表 5－5

a：

	a	b	c
a	(2,0,1)	(2,0,1)	(2,0,1)
b	(2,0,1)	(1,2,0)	(1,1,1)
c	(2,0,1)	(1,1,1)	(0,1,2)

b：

	a	b	c
a	(2,0,1)	(1,2,0)	(1,1,1)
b	(1,2,0)	(1,2,0)	(1,2 ,0)
c	(1,1,1)	(1,2,0)	(0,1,2)

c：

	a	b	c
a	(2,0,1)	(1,1,1)	(0,1,2)
b	(1,1,1)	(1,2,0)	(0,1,2)
c	(0,1,2)	(0,1,2)	(0,1,2)

如果投票者都投出他们的真实选票，那么投票者 1 投出 a，投票者 2 投出 b，投票者 3 投出 c，结果是平局，{a，b，c}和效益（1，1，1），这就是纳什均衡：在策略意向表中，每个投票者投出的选票都是最优应对。

现在我们将投票规则稍做变动，改为没有平局的绝对多数规则，其中 abc 作为打破平局的序列。这使得绝对多数规则变为单值投票规则，新的策略博弈形式如表 5 - 6 所示。

表 5 - 6

a：

	a	b	c
a	(2,0,1)	(2,0,1)	(2,0,1)
b	(2,0,1)	(1,2,0)	(2,0,1)
c	(2,0,1)	(2,0,1)	(0,1,2)

b：

	a	b	c
a	(2,0,1)	(1,2,0)	(2,0,1)
b	(1,2,0)	(1,2,0)	(1,2,0)
c	(2,0,1)	(1,2,0)	(0,1,2)

c：

	a	b	c
a	(2,0,1)	(2,0,1)	(0,1,2)
b	(2,0,1)	(1,2,0)	(0,1,2)
c	(0,1,2)	(0,1,2)	(0,1,2)

如果主体的所有投票都根据他们的真实偏好，结果就是a，这是因为没有平局，效益为（2，0，1）。但是这就不再是纳什均衡了，对于主体2通过投出选票c，可以提高他的效益从0到1，这是因为结果变成c，效益为（0，1，2）。这个策略元组（a，c，c）就是纳什均衡。

第三节　多主体策略逻辑(MASL)

多主体策略逻辑（MASL）是对个体或群体策略能力进行推理的一种模态逻辑。本节对多主体策略逻辑的语言、语义及其可靠性和完全性进行了系统的介绍，并且详细讨论了MASL的表达力，说明MASL可以表达博弈论、社会选择理论和防策略投票理论中的很多关键概念，最后讨论MASL和CL的联系。

一　MASL的语言和语义

定义8　给定一个主体集N和策略集S_i，多主体策略逻辑（MASL）的策略项（strategy term）定义如下：

$$t_i :: = a \mid ?? \mid !!$$

其中，$i \in N$，$a \in \{S_i\}$ 是主体i的所有策略的集合。

??：表示相对于对手的个体策略。它是一个随机术语，要根据对手的行动而制定其策略。

!!：指主体的当前策略。表示主体保持当前的策略不变。

例子3　在PD博弈中，给定主体1的合作策略（c）。个体策略可以表示为（c,??），如图5-2所示。

定义9　由策略项 t_i，MASL的策略向量（strategy vectors）定义如下：

$$c::=(t_1,\cdots,t_n)$$

MASL的策略向量c将出现在下面的定义中。

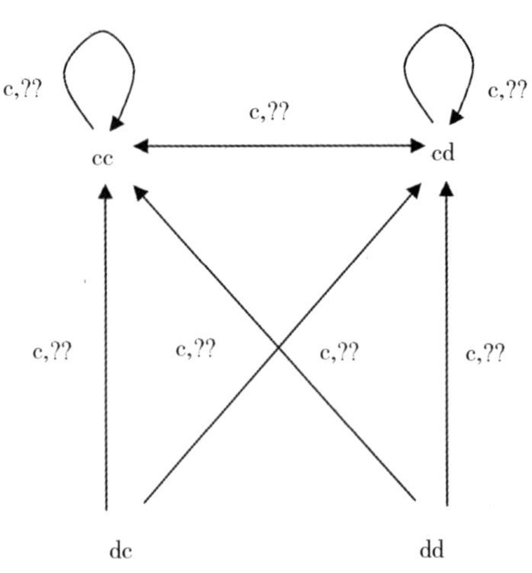

图5-2　PD博弈

定义10（语言）　令Φ是博弈结果值的集合，多主体策略逻辑（MASL）的语言定义如下：

$$\phi::=\top \mid c \mid p \mid \neg\phi \mid \phi_1 \wedge \phi_2 \mid [\gamma]\phi$$

$$\gamma::=c \mid ?\phi \mid \gamma_1;\gamma_2 \mid \gamma_1 \cup \gamma_2 \mid \gamma^*$$

其中，$p\in\Phi$，c是策略向量。$[\gamma]\phi$表示从当下状态对γ

的每一种终端处理导致了一个状态，在该状态中，保留了信息ϕ。接着，我们来定义复杂的程序γ，在这个基础上的［γ］就可以定义为：（合成）γ_1；γ_2表示先处理γ_1，然后再处理γ_2；（选择）$\gamma_1 \cup \gamma_2$表示或者处理γ_1，或者处理γ_2；（重复）γ^*表示对γ处理了有限次数，也可以是零次；（测试）？ϕ表示测试公式ϕ是否成立，如果它成立，就继续，如果不成立，就失效。

按照习惯，我们遵循逻辑中基本算子之间的相互定义或简化的规定。我们可以定义其他的逻辑联结符，命题联结词还可以用$\bot$，$\phi_1 \vee \phi_2$，$\phi_1 \rightarrow \phi_2$，$\phi_1 \leftrightarrow \phi_2$和$\langle r \rangle \phi$定义。

有了上面引进的符号，我们就可以用多主体策略逻辑的语言表达现实中出现的更为复杂的情形。

令$s \in S$，s是个策略意向表，主体i的个体策略为S_i。N是主体集，令$i \in N$，那么$[\cdot]^{s_i,s,i}$就是一个将每个t_i映射到S_i子集的函数，并且$[\cdot]^{S,s}$是将每个策略向量映射到策略意向表集合的函数，其中策略意向表$s \subseteq S$，如下：

$$[a]^{s_i,s,i} = \{a\}$$

$$[??]^{s_i,s,i} = S_i$$

$$[!!]^{s_i,s,i} = \{s[i]\}$$

$$[(t_1,\cdots,t_n)]^{S,s} = [t_1]^{s_1,s,1} \times \cdots \times [t_n]^{s_n,s,n}$$

例子4　在投票选举中，对于每个投票者的个体策略集$A=\{a, b, c\}$，令$n=3$，第一个投票者的策略变为b，同时其他的投票者坚持以前的投票，可表示为：（b,!!,!!)。在一个投票博弈中，状态（a，b，b）可以被解释为｛（（a，b，b)，(b，b，b))｝。

例子 5　在投票选举中，第一个投票者的策略是 b，第二个投票者坚持他的投票，第三个投票者可能改变，也可能不改变它的策略，表示为：(b,!!,??)，在策略意向表 s =（a，b，c）中，有 $[(b,!!,??)]^{A,s} = \{b\} \times \{b\} \times \{a, b, c\}$

例子 6　投票中，(??，c，c) 可以表示群体策略，其中投票者 2 和投票者 3 都选择 c。这是一个投票者 2 和投票者 3 建立的联盟，并且是和投票者 1 相对立的策略。[（??，c，c)] c 表示 2 和 3 都投出选票 c，从而得到投票结果 c。

需要注意的是：策略（??,??，c）不同于（!!,!!，c），对于后者来说，表示主体 3 的策略是选择 c，其他的两个主体不改变他们的策略。而前者是指，主体 3 的策略是选择 c，而其他的两个主体的策略不确定，这要根据对手的变化而变化。

因此，如果我们将主体 i 的策略解释为一个关系，那么我们必须考虑影响 i 作出判断的其他有用的信息。如下：

$[(??, \cdots, ??, a, ??, \cdots, ??)]^{S,s} = S_1 \times \cdots \times S_{i-1} \times \{a\} \times S_{i+1} \times \cdots \times S_n$ 表示主体 i 的选择是 a 的关系，这个关系和其他主体的选择有关。

$[(!!, \cdots, !!, a, !!, \cdots, !!)]^{S,s} = \{s[1]\} \times \cdots \times \{S[i-1]\} \times \{a\} \times \{S[i+1]\} \times \cdots \times \{S[n]\}$ 表示主体 i 选择 a，同时其他的主体坚持他们以前的策略。

图 5 - 3 给出策略向量（c,!!）的解释。

定义 11　给定 P 是博弈的结果函数，$p \in P$。给定一个 Kripke 模型 M = {N，S，o}。其中，(N，S) 是一个策略博弈框架，o：$S \rightarrow P$ 是一个赋值函数，s 是一个策略意向表，且 $s \in \mathcal{S}$。

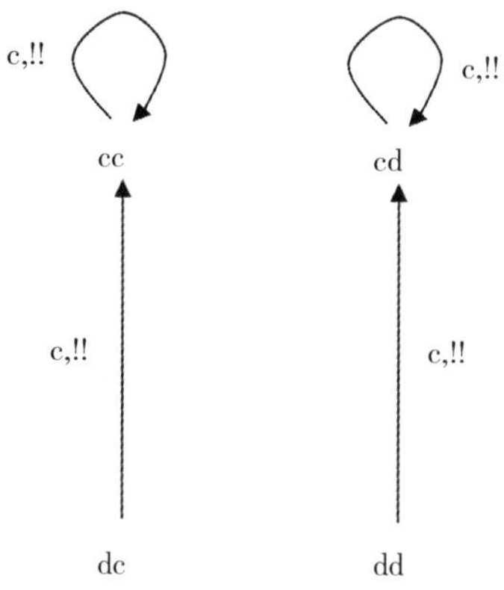

图 5－3　策略向量（c，!!）

定义 12（语义）　给定一个模型 M＝｛N，S，o｝和一个状态 $s \in S$，我们假定 c 的长度＝n，$t_i \subseteq sub\{S_i\}$，并且 $p \in P$。MASL 的语义解释可定义如下：

我们递归定义一个公式在 M，s 上是真的：

$M, s \mid = \top$

$M, s \mid = c$　　当且仅当 $s \in [c]\ S, s$

$M, s \mid = p$　　当且仅当 $s \in o-1\ (p)$ 一个

$M, s \mid = \neg\phi$　　当且仅当 $M, s \nvDash \phi$

$M, s \mid = \phi_1 \wedge \phi_2$　当且仅当 $M, s \mid = \phi_1$ 并且 $M, s \mid = \phi_2$

$M, s \mid = [\gamma]\ \phi$　当且仅当对于所有的 t，$(s, t) \in [\gamma]^M$，$M, t \mid = \phi$

$[c]^M = \{(s; t) \mid t \in [c]^{S,s}\}$

$[?\ \phi]^M = \{(s, s) \mid M, s \mid = \phi\}$

$[\gamma_1 ; \gamma_2]^M = [\gamma_1]^M \circ [\gamma_2]^M$

$[\gamma_1 \cup \gamma_2]^M = [\gamma_1]^M \cup [\gamma_2]^M$

$[\gamma^*]^M = ([\gamma]^M)^*$

这里∘是关系构成，$*$ 是自反传递闭包。

二　MASL 的演算

为了公理化 MASL，我们可以使用 PDL 的证明系统。如果 $i \notin N$，那么 $t_i = ??$，我们称一个策略向量 $c = (t_1, \cdots, t_n)$ 具有可判定性。

我们有下面的向量公理：

1. 有效性

$$[c]\ c$$

有效性公理说明策略向量的执行总使得向量为真。

2. 连续性

$$\langle c \rangle \top$$

连续性公理说明每个策略向量可以被执行。

3. 函数性

对于所有的可判定的策略向量 c，有 $\langle c \rangle \phi \rightarrow \{c\}\ \phi$

函数性公理说明可判定的策略向量是函数的。这表明如果每个主体做出一个可判定的选择，那么结果也是可判定的，如果向量是不可判定的，那么这个定理不成立。

4. 对手权力

在位置 i 上，令 c 为 $??$，并且在位置 i 上，令 c_a^i 是替换 $??$ 的结果，我们得到

$$[c]\ \phi \leftrightarrow \bigwedge_{a \in S_i} [\ c_a^i\ ]\ \phi$$

对手权力公理说明了一个对手可以做什么。它定义了术语 ?? 的意义。

5. 决定当前选择

令 c 在位置 i 有 !! ，并且在位置 i 上，令 c_a^i 是替换 !! 的结果，我们得到

$$(i_a, \overline{!!}) \rightarrow (c \leftrightarrow c_a^i)$$

决定当前选择公理定义了术语 !! 的意义。

对于这种解释，这些公理是可靠的。完全性可以由一般地构建 PDL 的典范模型表示。

定理 1　MASL 的演算是完全的。

MASL 的模型检测是 PTIME - 完全的。① MASL 的可满足性检测是 EXPTIME - 完全的。②

三　防策略投票相关性质的表达

利用多主体策略逻辑的语言，我们就可以探讨如何表达博弈论或投票理论中的一些相关性质。如本书前面所提出的“多数投票规则”“防策略”“独裁”“单值性”“Gibbard - Satterthwaite 定理”等。

我们先给出一些缩写的表示：

令（i_a, $\overline{!!}$）是策略向量（!!, …,!!, a,!!, …,!!）的缩写，表示 a 在第 i 个位置上，其他位置都是!!。令［（i,

---

① Lange M.，“Model Checking Propositional Dynamic Logic with All Extras”，*Journal of Applied Logic*，2006，4（1），pp. 39 -49.

② Blackburn P.，de Rijke M. and Venema Y.，*Modal Logic*，Cambridge Tracts in Theoretical Computer Science，Cambridge University Press，2001.

$\overline{!!}$）］ϕ是 $\wedge_{a\in S_i}$［（ia，$\overline{!!}$）］ϕ的缩写。那么［（i，$\overline{!!}$）］ϕ表示主体 i 通过当前策略意向表，使得ϕ成立。同时，假设其他主体的策略都保持不变。

令（i_a，$\overline{??}$）是策略向量（??，…,??，a,??，…,??）的缩写，表示 a 在第 i 个位置上，其他位置都是??。令［（i_a，$\overline{??}$）］ϕ缩写为 $\wedge_{a\in S_i}$［（i_a，$\overline{??}$）］ϕ。那么［（i，$\overline{??}$）］ϕ表示不管其他主体的策略是什么，主体 i 的策略集使得ϕ为真。

令（$\overline{??}$）是（??，…,??）的缩写，我们得到<（$\overline{??}$）>ϕ表示在某些状态中，使得ϕ为真。

下面，我们利用多主体策略逻辑的语言，来刻画博弈论或投票理论中的一些相关性质，特别是“防策略”“独裁”“单值性”等属性。

1. 效益

为了表示效益，我们假定效益向量为 u，效益值属于有穷集合 U。接下来，定义 $u_i \geqslant v$ 为 $\vee_{w\in U, w\geqslant v}$ u［i］＝w，并且 ui＞v 定义为 $\vee_{w\in U, w>v}$ u［i］＝w。那么 $u_i \geqslant v$ 表示主体 i 得到的比 v 多。

2. 弱优势

“齐当别”模型的理论基础是弱优势原则，是指如果备择 A 在总体上与备择 B 具有相等的吸引力，而且 A 至少在一个维度上优于 B，那么可以说 A 比 B 有优势。该模型假定，人们根据最好的和最坏的可能结果来表征备择，根据备择之间是否存在优势关系来作选择。决策过程就是搜寻某一备择在主观上优于另一备择的过程。人们在一个维度上将 A 和 B 之间较小的差别人为地“齐同”掉，在另一个维度上对 A 和 B 之间较大的差别加以“辨别”，作为最终选择的依据。在重复选择条件下，人们如果不认为最大的差异来自同一个维度，就会出现选择反转。研究结果支持了该假设：选择偏好保持一致并不是因为每次选择时都认为被选中的那个备择具有最大的效用，而是因为每次选择时都认为最大的差异来自同一个维度。

使用上面的缩写，我们可以表示一个 i－策略 a 是弱优势的。直观上说，它就意味着 a 至少和 i 一样好。

$$\bigwedge_{v\in U}\bigwedge_{b\in A-\{a\}}[(i_b,\overline{??})](u_i\geqslant v\rightarrow<(i_a,\overline{!!})>u_i\geqslant v)$$

3. 纳什均衡

下面的公式表示了当前策略意向表是一个纳什均衡。

$$\bigwedge_{i\in N}\bigvee_{v\in U}(u_i\geqslant v\wedge[(i,\overline{!!})]\neg u_i>v)$$

下面的公式表达了博弈是纳什的。

$$<(\overline{??})>\bigwedge_{i\in N}\bigvee_{v\in U}(u_i\geqslant v\wedge[(i,\overline{!!})]\neg u_i>v)$$

4. 多数投票规则

对于 MASL 应用于投票，假定输出函数产生一个有序对，包括投票规则作为一个意向表的结果，加上效益向量作为主体意向表。

令 A 是候选人的集合。令 P_a 是所有完全策略向量的集合，其中 a 和其他的备选项或候选人相比，可以得到更多的投票。那么得到：

$$\bigwedge_{x\in A}\bigwedge_{c\in p_x}[c]\ x$$

表示博弈是一个具有多数投票规则的投票博弈，这很容易扩展到一个公式，它可以表达带有平局的多数投票规则。

5. 单值性

假定a是当前意向表的赢家之一。如果一个投票规则是单值的，那么就总是存在一个赢家。如果一个投票规则可以看成一个博弈，那么一个博弈是单值的，可以表达为如下的公式：

$$[\ (\overline{??})\ ]\bigvee_{a\in A}(a\wedge\bigwedge_{b\in A-\{a\}}?b)$$

6. 防策略

对于任意意向表S和任意主体（或投票者）i，如果改变他们的投票不能带来比现在还好的结果（根据S中i的偏好），那么一个投票规则是防策略的。可以表示为如下公式：

$$[\ (\overline{??})\ ]\bigwedge_{i\in N}\bigvee_{v\in U}(\ u_i\geqslant v\wedge ?\langle(i,\overline{!!})\rangle u_i>\mathrm{v})$$

7. 非强加的

如果至少三个结果是可能的，那么一个投票规则是（弱）非强加的，把投票看成一个博弈，我们可以描述为如下公式：

$$\bigvee_{a\in A}\bigvee_{b\in A-\{a\}}\bigvee_{c\in A-\{a,b\}}(<(\overline{??})>\mathrm{a}\wedge<(\overline{??})>\mathrm{b}\wedge<(\overline{??})>\mathrm{c})$$

8. 独裁

在多主体博弈中，一个独裁者是一个总能得到他想要的主体。他所得到的效益至少和其他主体所能得到的一样多。使用缩写（i，$\overline{??}$），可以表示为如下公式：

$$\bigvee_{v\in U}\bigwedge_{j\in N-\{i\}}[\ (??)\ ]\ (\ ?u_i\geqslant v\wedge\langle(i,\overline{!!})\rangle u_i\geqslant \mathrm{v})$$

Gibbard - Satterthwaite 防策略投票不可能性定理说明所有的合理投票规则都允许策略（或操纵），否则非合理的投票规则是防策略的。上面所述的单值性、防策略、非强加的和独裁性是关于 Gibbard – Satterthwaite 防策略投票不可能性定理的四个属性。

9. 元策略：一报还一报

"一报还一报"（tit for tat）。它的特点是：第一次对局采用合作的策略，以后每一步都跟随对方上一步的策略，你上一次合作，我这一次就合作，你上一次不合作，我这一次就不合作。"投桃报李""人不犯我，我不犯人"都体现了"tit for tat"的思想。

在囚徒困境中，一报还一报作为其元策略指导着对手的最后选择，图 5 – 4 给出了主体 2 一报还一报的策略。

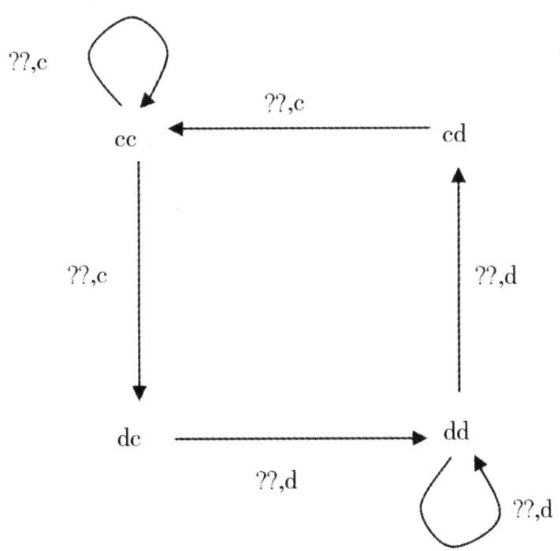

图 5 – 4　囚徒博弈中主体 2 一报还一报的策略

我们考虑到博弈的当前状态作为最后主体的结果，测试状态是奖励行为（??，c）或是惩罚行为（??，d），那么，根据 MASL 的语言描述如下：

（?（c,??）；|（??，c）∪ ?（d,??）；（??，d））*

这就是说：如果对手最后的行动是 c，那么给予奖励，否则，对手最后的行动是 d，就加以惩罚。如果将这个策略用于主体 1，则有：

（?（??，c）；|（c,??）∪ ?（??，d）；（d,??））*

四　MASL 与联盟逻辑（CL）的联系

联盟逻辑（CL）最早是由马可·保利（Marc Pauly）发展起来对联盟能力进行推理的一种模态逻辑。CL 一开始就是想建立一个用以研究博弈情境中主体合作能力的逻辑框架。CL 是一个命题模态逻辑系统，是在模态逻辑框架下引入联盟算子［C］，联盟算子［C］可以对博弈中的主体联盟行为进行形式刻画。由此，CL 系统能够形式刻画博弈中联盟与联盟之间的策略互动及其推理，进而提供一个从模态逻辑角度探讨博弈的有效途径，也为社会选择理论的研究提供了理论支持。

定义 13（语言）　给定主体集 N 和一个原子命题集Φ_0，联盟逻辑（CL）的语言定义如下：

$$\varphi ::= \top \mid p \mid \neg\varphi \mid \varphi\wedge\varphi \mid [C]\,\varphi$$

其中，$p\in\Phi_0$，$C\subseteq N$。C 表示一个主体集或联盟。［C］φ 表示“主体集 C 通过联盟策略使得 φ 为真”，即联盟 C 会进行合作确保在下一个可能世界中，φ 是有效的。

一般来说，我们遵循逻辑中基本算子之间的相互定义或简化的规定。有了否定符“¬”和合取符“∨”，我们定义其他的逻辑联结符如下：$\top ::= \neg\bot$，$\varphi\rightarrow\psi ::= \neg(\neg\varphi\vee\neg\psi)$，$\varphi\leftrightarrow\psi ::= (\varphi\rightarrow\psi)\wedge(\psi\rightarrow\varphi)$。另外，$C=\{i\}$，

我们用 $[i]\varphi$ 而不是用 $[\{i\}]\varphi$ 来表示单个主体的策略能力。$[C]^0=\varphi$，$[C]^{K+1}=[C][C]^K\varphi$。

前面已经给出，一个 Kripke 模型 $M=\{N, S, o\}$。其中，(N, S) 是一个策略博弈框架，$o: S\rightarrow P$ 是一个赋值函数，s 是一个策略意向表，且 $s\in S$。

另外，我们来回忆一下，对于 C 来说，S_C 是群体策略函数的集合，如果 $s\in S_C$ 并且 $t\in S_{N-C}$，那么 (s, t) 是策略意向表。因此，成员 C 根据 s 选择，所有其他的成员根据 t 选择。

定义 14（语义）　给定一个联盟逻辑模型 $M=\{N, S, o\}$，联盟逻辑的语义解释如下：

$M, s\vDash p$	当且仅当 $s\in o^{-1}(p)$
$M, s\vDash\neg\varphi$	当且仅当 $M, s\nvDash\varphi$
$M, s\vDash\varphi_1\wedge\varphi_2$	当且仅当 $M, s\vDash\varphi_1$ 并且 $M, s\vDash\varphi_2$
$M, s\vDash[C]\varphi$	当且仅当 $\exists t\in S_C\ \forall u\in S_{N-C}$，$M, (t, u)\vDash\varphi$

下面给出 CL 的公理和推理规则：

给定一个主体集 N，有关 N 的 CL 是这样的一个公式集，它包括所有命题重言式以及下面所列出的公理，并且该集合是分离规则（MP）和等值规则（Eq）封闭的。

- 公理

所有命题逻辑重言式

$(\bot)$　　$\neg[C]\bot$

$(\top)$　　$[C]\top$

(N)　$\neg[\varnothing]\neg\varphi_1 \rightarrow [N]\varphi_2$

(M)　$[C](\varphi_1 \wedge \varphi_2) \rightarrow [C]\varphi_2$

(S)　$([C_1]\varphi_{1a} \wedge [C_2]\varphi_{1b}) \rightarrow [C_1 \cup C_2](\varphi_{1a} \wedge \varphi_{1b})$ 其中，$C_1 \cap C_2 = \varnothing$

- 规则

(MP)　$$\frac{\varphi_1, \varphi_1 \rightarrow \varphi_2}{\varphi_2}$$

(Eq)　$$\frac{\varphi_1 \leftrightarrow \varphi_2}{[C]\varphi_1 \leftrightarrow [C]\varphi_2}$$

令 $\dot{C}$ 是所有策略的集合。我们假定，对于每个主体 i，可能策略集 S_i 是有穷的，那么 $\dot{C}$ 也是有穷的，$\dot{C}$ 可以定义如下：

$$\{(t_1, \cdots, t_n) \mid t_i \in S_i \text{如果} i \in C，\text{否则} t_i = ??\}$$

这就意味着，我们可以构建公式

$$\bigvee_{c \in \dot{c}} [c]\varphi$$

- 将 CL 转换为 MASL 逻辑：

$Tr(p) := p$

$Tr(\neg\varphi) := \neg Tr(\varphi)$

$Tr(\varphi1 \wedge \varphi2) := Tr(\varphi_1) \wedge Tr(\varphi_2)$

$Tr([C]\varphi) := \bigvee_{c \in \dot{c}} [c]\, Tr(\varphi)$

定理 2　$M, s \vDash_{CL} \varphi$ 当且仅当 $M, s \vDash_{MASL} Tr(\varphi)$

可见，通过翻译指令 Tr，我们将 CL 嵌入 MASL 中。由此，联盟逻辑和 MASL 都可以刻画博弈论和投票理论中的许多概念。

第四节　MASL 的认知扩张——EMASL

众所周知，PDL 可以给出认知解释。认知多主体策略逻辑（EMASL）的语言将 PDL 的策略解释和 PDL 的认知解释结合在一起。这样，就给出了带有认知解释的 PDL 的新集合。在本节中，我们分别给出了 EMASL 的语言和语义，并讨论了 EMASL 的表达力，刻画了“知道独裁”“知道防策略”。

一　EMASL 的语法和语义

定义 15（语言）　在多主体策略逻辑语言的基础上，我们定义 EMASL 的语言如下：

$$\varphi ::= \top \mid c \mid p \mid \neg\varphi \mid \varphi_1 \wedge \varphi_2 \mid [\gamma]\varphi \mid [\alpha]\varphi$$

$$\gamma ::= c \mid ?\varphi \mid \gamma_1;\gamma_2 \mid \gamma_1 \cup \gamma_2 \mid \gamma^*$$

$$\alpha ::= i \mid i^\vee \mid ?\varphi \mid \alpha_1;\alpha_2 \mid \alpha_1 \cup \alpha_2 \mid \alpha^*$$

其中，$p \in \Phi$，c 是策略向量。$[\gamma]\phi$表示从当下状态对γ的每一种终端处理导致了一个状态，在该状态中，保留了信息ϕ。接着，我们来定义复杂的程序γ，在这个基础上的$[\gamma]$就可以定义为：$\gamma_1;\gamma_2$表示先处理γ_1，然后再处理γ_2；$\gamma_1 \cup \gamma_2$表示或者处理γ_1，或者处理γ_2；γ^*表示对γ处理了有限次数，也可以是零次；$?\phi$表示测试公式ϕ是否成立，如果它成立，就继续，如果不成立，就失效。相似的，我们再来定义程序α，在这个基础上的$[\alpha]$就可以定义为：$\alpha_1;\alpha_2$表示先处理α_1，然后再处理α_2；$\alpha_1 \cup \alpha_2$表示或者处理α_1，或者处理α_2；α^*表示对α处理了有限次数，也可以是零次；特别要说明的一点是：$i \in N$，$i^{\vee}$ 表示 i 的关系的反。我们定义 i 为（$i \cup i^{\vee}$）*，得到一个自反的、对称的和传递的知识算子。

为了解释这个语言，我们定义一个扩展的博弈形式是一个多元组：

$$(N, W, R_1, \cdots, R_n)$$

其中，W 是序对（G，s）的集合，G =（N，S）是一个博弈形式，$s \in S$，每个 R_i 是 W 上的二元关系。这些扩展博弈形式可以被看作一个 Kripke 框架。如前所述，使用结果函数 $o: S \to P$ 来定义赋值。这样，我们将 o 扩展到 W。通过规定一个博弈意向表序对的结果可以由它的意向表元素决定：

$$o(G', s') = o(s')$$

对于每个 S'，$s' \in S' \subseteq S$。

令 F =（N，W，R_1，…，R_n），其中，W 是（G，s）的集合，G 是一个博弈框架，G =（N，S），并且 $s \in S$，每个 R_i 是 W 上的二元关系 。

令 M =（N，W，R_1，…，R_n，o），其中，G =（N，S），并且 $o: W \to P$ 是一个结果函数，是 MASL 逻辑中赋值函数 $o: S \to P$ 的扩展。

定义 16（语义） 给定一个模型 M，令 $w \in W$。我们递归定义一个公式在 M，w 上是真的，公式的真值解释如下：

M，w| =c　　当且仅当 w =（（N，S），s）并且 $s \in [c]^{S,s}$

M，w| = $[\alpha]\varphi$　　当且仅当对于所有 w'，$(w, w') \in [\alpha]$，$M, w' \mid= \varphi$

$[c]^M = \{(w,w') | w = ((N,S),s), w' = ((N,S),t) t \in [c]^{S,s}\}$

$[i]^M = R_i$

$[i^\vee]^M = (R_i)^\vee$

对于所有的 $i \in N$，我们令 $W = \{(G, s) \mid s \in S\}$ 并且 $Ri = \{((G, s), (G, s')) \mid s[i] = s'[i]\}$。我们称其为 G 的认知提升（epistemic lift），记作 $G^\#$。

在 $G^\#$中，可及关系表示每个主体可以区分自己的行为，而不能区分其他主体间的行为。

我们用囚徒困境（PD）举例说明，它给出了一个模型，其中每个主体知道他的行动，和其对手可能采取的策略。更进一步地说，我们都知道两个主体间的行为是不协调的关系 $(R_1 \cup R_2)^*$，用 EMASL 表示为 $(1 \cup 2)^*$，这就是策略意向表的整个集合。

图 5－5 中，虚线表示主体 1 的可及关系，点线表示主体 2 的可及关系，并且省略了自反的认知箭头。

在博弈形式的认知提升中，我们都知道所有主体的博弈本质是什么，我们还知道对于所有主体来说，有效的策略选择是什么。

令 $G \subseteq G$，如果 $G = (N, \{Si \mid i \in N\})$，$G' = (N, \{S'_i \mid i \in N\})$，并且对于所有的 $i \in N$，$S'_i \subseteq S_i$，称 G'为 G 的策略限制（strategy restriction）。

在囚徒困境中，策略限制由图 5－6 给出。

图 5－7 中，给出了一个建立在策略限制的扩展博弈形式。这个图刻画了一种情境，其中第一个主体承诺 c，但是另一个主体并不知道。椭圆形的部分指出了真实的博弈，点

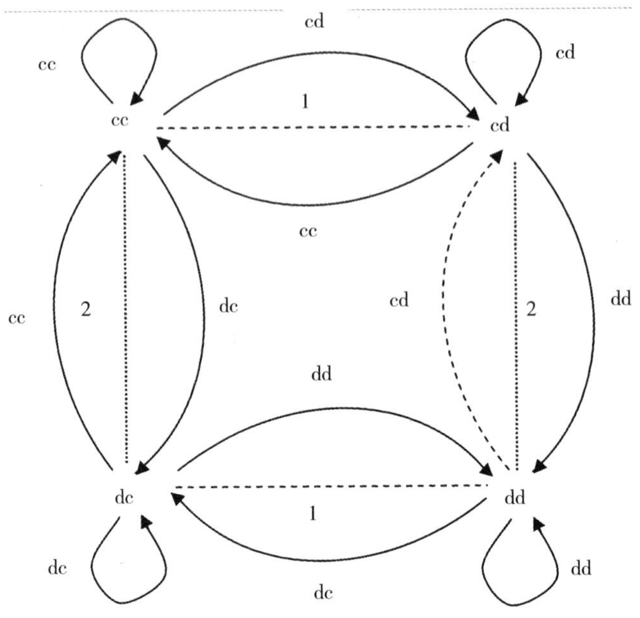

图 5－5　认知 PD 博弈形式

线表示主体 2 的可及关系。

二　EMASL 的演算

我们考虑认知提升模型类（$G^{\#}$，o），其中 G＝（N，S）是一个有穷策略博弈形式，o：S →P 是 G 的一个输出函数。

注意 MASL 公理对于这个类是可靠的，因此我们扩展 MASL 的演算，得到推理认知提升模型的演算系统，如下：

- 命题公理，假言推理，对于γ和α是必需的。
- 对于γ模态算子的 PDL 公理。
- 对于α模态算子的 PDL 公理。
- 五个 MASL 向量公理。
- $\varphi \to [i] \langle i^{\vee} \rangle \varphi$
- $\varphi \to [i^{\vee}] \langle i \rangle \varphi$

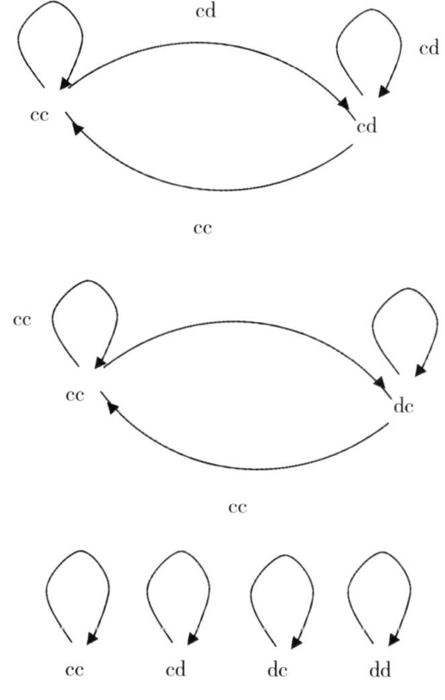

图 5-6　对于 PD 博弈形式的博弈限制

- $[(i_a, !!)][i](i_a, !!)$
- $\bigwedge_{j \in N-\{i\}} [(j_a, !!)] \neg[i](j_a, !!)$

对于 i∨的两个逆向的标准模型公理。包含［i］的第一个公理表示主体 i 能区别他自己的行为，包含［i］的第二个公理表示主体 i 不能区分其他主体之间的行为。对于推理认知提升模型，这些给出了一个可靠的和完全的系统。

三　相关性质的表达

EMASL 是 MASL 的扩展，所以博弈论、投票理论和社会选择理论中，可以用 MASL 表示的概念也可以用 EMASL 表示。投票理论中的许多概念有认知版本，例如：

1. 知道独裁

在多主体博弈中的独裁者，被定义为一个总是能够得到

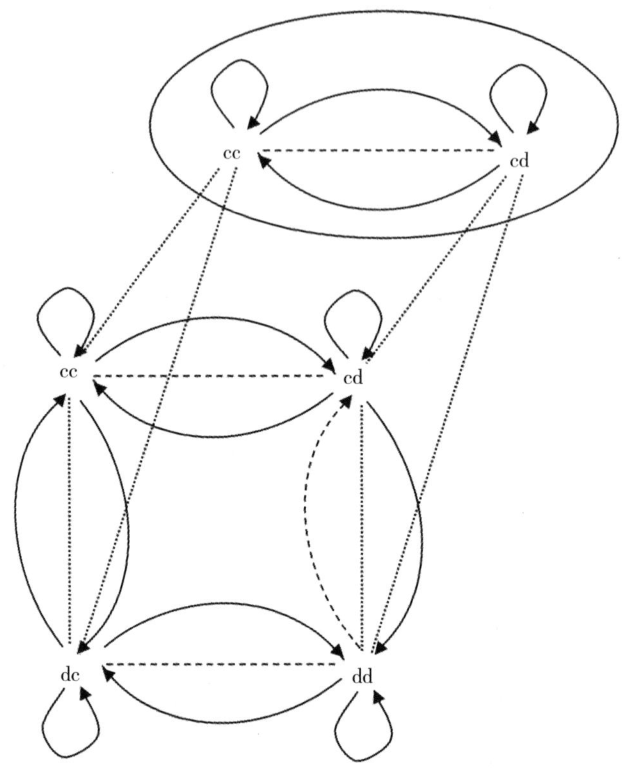

图 5－7　在 PD 博弈中的限制

最高利益的主体，一个知道的独裁者是一个不仅有这个能力，而且也知道他有这个能力的主体。

$$[i] \bigvee_{v \in U} \bigwedge_{j \in N-\{i\}} [(??)](?u_j > v \wedge \langle (i, !!) \rangle u_i \geqslant v)$$

2. 知道防策略

对于任意意向表 S 和任意主体（或投票者）i，他们知道，如果改变他们的投票不能带来比现在还好的结果（根据 S 中 i 的偏好），那么一个投票规则是防策略的。可以表示为如下公式：

$$[i][(\overline{??})] \bigwedge_{i \in N} \bigvee_{v \in U} (u_i \geqslant v \wedge ?\langle (i, \overline{!!}) \rangle u_i > v)$$

第五节　结论和进一步的研究

伴随着党的十八届四中全会的弘扬与发展，及社会主义民主政治和依法治国的全面贯彻与实施，中国特色社会主义伟大复兴需要坚实可信的民主投票制度作为支撑。民主意味着公民的平等和参政的权利，投票是实现民主的方式，民主投票就是以投票的方式将每个人的意愿表达在政策的制定与实施过程中。在一个以市场为主导的时代中，投票是否会略显多余？未必如此。事实上，投票是一把“双刃剑”，是需要不断改进和完善的。我们也许永远也找不到一个万能的钥匙，普适性的理论和方法，无论是在自然科学还是在社会科学中，都是不存在的。我们只能对具体问题给出相应解决问题的方式。

在多主体系统研究中，逻辑的方法并不是很受重视。现实的世界充满了不确实性，我们很难仅用一个数学模型对其进行刻画。为此，尽管逻辑工具可能不是用于多主体研究的最好的形式工具，但是笔者认为它在这一研究中依然起着重要的作用。与自然语言相对比，逻辑的形式语言能更加精确，严格地表达多主体系统的性质。本文建立了适用于投票理论的多主体认知逻辑工具。基于多主体策略逻辑和认知多主体策略逻辑对投票理论的研究，为我们提供了一个很好的用于刻画主体决策的形式模型，其中，有关投票理论中的个体偏好、防策略、独裁、多数投票规则等概念与行为都给出了严格的解释，为建立投票的逻辑系统和模型提供理论基础。

总之，人们将逻辑作为一种基本的工具运用到日常生活中，而投票领域正是它的应用之一。通过独特的逻辑方法和严格的演绎思维，为我们设计防策略投票程序提供了至关重要的途径，逻辑学家们设计出一些投票的形式化模型，让人们能够更准确地进行选择和决策，可以一窥逻辑在社会科学领域的重要应用，借此也为逻辑学家找到一扇开启逻辑应用于经济学和政治学的“芝麻之门”。

进一步研究方向

1. 社会是一个动态的多主体系统，主体的偏好会随着时间、信息以及其他主体偏好的变化而不断地改变。扩展适于分析社会问题的混合逻辑。深入分析社会选择问题中的逻辑结构和形式表示方法，特别对社会关系和主体偏好等的形式刻画。在必要的情况下，可以考虑引入一些新的符号或者算子。我们都知道，尽管可能世界或状态是模态语义的一个核心概念，但是经典模态语言的语言不能对它们进行直接刻画。这限制了模态逻辑的很多应用。而混合语言正是为了克服一般模态语言的这一不足而提出来的。基本的混合语言是在基本模态语言的基础上引入一类新的原子公式和一个新的算子递归定义得到的。我们可以通过扩展混合语言使它很容易地表示一些之前不能或不易表达的复杂公式。基于前面的分析，建构对处于不同社会关系中的社会选择问题，投票问题的逻辑刻画工具，特别地，对处于不同社会关系的主体偏好和群体偏好提供有力的逻辑分析工具。

2. 组合逻辑所考虑是如何同时处理时间、空间、个人和集体等方面的问题。各种组成方法如积、融合、参数化、时间化、同步化、机制、纤维、调制纤维和隐纤维等的提出使得我们的逻辑系统表达力和处理复杂问题的能力不断增强。组合逻辑所特有的形式语法结构和运算法则能够为社会选择问题和投票问题的化解提供能行的方法。因此，运用已有的组合方法，可以考虑将时间逻辑系统与弗协调多主体认知系统合并，构造新的逻辑系统以刻画主体认知的动态特征及模拟主体认知的发展变化，从而刻画决策过程中主体认知的动态特征及其知识的演进。并且针对社会选择理论和投票理论涉及的群体决策问题，从逻辑的角度深入的分析它们所具有的各种逻辑特征和结构，为运用合适的逻辑工具解决不同的决策问题供逻辑理论基础。

3. 应用上述研究成果解决我国选举投票中所遇到的具体问题，并将投票理论中的问题用精确的形式语言来刻画，进一步生成计算机可识别的程序代码。列出设计思路、设计原理、设计框图、设计代码。结合计算机科学和人工智能，借助计算机 VC 语言编程，实现计算机对投票问题的模拟和解决。此外，利用并扩展目前已有的模型检测技术，生成一种定理机制或证明机制用以检验某些社会福利函数和选择函数的性质以及逻辑证明理论的可靠性。

附　录

防操纵社会选择机制逻辑研究述评[①]

目前，防操纵社会选择机制在许多领域被独立研究，国内防操纵的研究主要集中在社会选择的理论中，关于防操纵社会选择机制的逻辑研究还比较少，所以，我们介绍了国外在这方面的最新研究成果，希望引起我国逻辑学界对这一领域感兴趣的学者进一步的了解和研究。

一　什么是防操纵社会选择机制

从直观上讲，防操纵（non - manipulability）或防策略（strategy - proofness），通常被认为是一个非常理想的属性，它要求投票者不能从谎报他们的真实偏好中获益，进而可以抑制社会选择中的策略投票，促使投票者都投出自己的真实选票，使选举结果能够体现人们的真实意愿。

自20世纪70年代以来，Gibbard - Satterthwaite 防策略不可能定理确立后，人们对如何避免策略操纵，即防策略操纵问题开始了广泛的研究。在此之后，出现了大量的数学定理，用来处理和解决投票程序的操纵性，并从理论上论证了

---

① 此文已发表于《重庆理工大学学报》（社会科学版）2013 年第3 期。

防策略不可能性定理。从本质上讲，Gibbard - Satterthwaite 防策略不可能性定理意味着任何投票选择程序在一定条件下，要么是可被操纵的，要么是独裁的。这在理论界引起了很大的震动，特别是它对经济领域的资源合理配置理论的存在性和合理性提出了巨大的挑战。

防操纵社会选择机制设计的目的，一是为了抑制社会选择中的“策略投票”，避免个人欺骗；二是防止垄断的出现。然而，社会选择中各成员之间因各种原因会形成联盟，决策时联盟中各成员根据集体意志采取行动，而非单纯地根据个人偏好。因此，在存在利益集团的情况下，选择规则的防策略性等问题仅依靠社会选择理论本身难以完成，有鉴于此，Gibbard - Satterthwaite 防策略不可能性定理已经引起了数学、计算机科学、逻辑学以及哲学等领域中研究学者的广泛注意。

二 防操纵社会选择机制的研究状况

防操纵社会选择理论的研究最早可以追溯到 20 世纪 60 年代中后期关于投票理论的研究，维克瑞（Vickery）、达米特（Dummett）和法夸尔森（Farquharson）等都对防操纵问题进行过研究，但他们都未能对投票程序的可被操纵性从理论上加以解释和证明。之后，吉伯德（Allan Gibbard）和萨特思韦特（Mark Satterthwaite）扩展了阿罗不可能定理的思想，分别于 1973 年和 1975 年提出了著名的 Gibbard - Satterthwaite 防策略不可能性定理。从本质上讲，防策略投票不可能性定理意味着在一定条件下，任何投票选择程序要么是可被操纵的，要么是独裁的，从理论上证明了社会决策过程中策略投票行为的普遍存在性。

21世纪初，泰勒（Alan D. Taylor）2005年在其著作《社会选择和操纵的数学》中用公理化的方法，首次严谨系统地给出了 Gibbard – Satterthwaite 防策略不可能定理、Duggan – Schwartz 定理、Barberá – Kelly 定理这三个定理的统一证明。[①] 其中，Gibbard – Satterthwaite 防策略不可能定理在社会选择中是非常重要的，在过去的三十年里，有许多关于这个定理的证明。泰勒借助集合论，通过大量的谓词演算，对 Gibbard – Satterthwaite 防策略不可能性定理进行了精致的逻辑刻画，这为化解操纵问题提供了很大的帮助。基于上述工作，范·艾吉克（Jan van Eijck）2011年借助 Saari 方法论证了 Gibbard – Satterthwaite 防策略不可能性定理。具体地说，Saari 方法将三角形分为六个区域，分别代表六种不同的投票类型，通过从一个区域移动到另一个区域，来改变其投票类型。三角形的三个顶点分别代表不同的选票，越接近一个区域的顶点，越偏好于这个顶点所代表的选票。这种方法很巧妙地化简了 Gibbard – Satterthwaite 防策略不可能性定理的证明，从新的角度论证了防策略不可能性定理。[②]

不难看出，在社会选择理论中，最初引入逻辑，只是其公理化方法的严格使用，而不是作为一个正规的形式系统的应用，对此，艾格特尼斯（Thomas Ågotnes）、特罗卡尔（Nicolas Troquard）、帕瑞曼（Erik Parmann）等人做了进一步研究。

---

① Taylor A. D., *Social Choice and the Mathematics of Manipulation*, Cambridge University Press, 2005.

② van Eijck J., "A Geometric Look at Manipulation", *Computational Logic in Multi – Agent Systems*, 2011, pp. 92 – 104.

艾格特尼斯等，2006 年基于模态逻辑，设计了一种可以刻画社会福利函数的逻辑，这种逻辑在语法上是简单的，但足以表达社会福利函数的属性，如量化偏好关系，刻画了阿罗定理。[1] 特罗卡尔等 2011 年设计了一种逻辑，用于推理社会选择函数。这个逻辑是也基于模态逻辑的，想法来源于命题控制联盟逻辑（CL－PC）。[2] CL－PC 逻辑包括可以表示策略稳定性的算子，特罗卡尔等扩展了这种逻辑，增加了表示个体偏好的算子，个体的策略稳定性由 CL－PC－like 算子表示。由此，更精确地确立了社会选择函数的属性和逻辑公式之间的联系，表明使用逻辑语言可以很好地刻画社会选择函数。每一个社会选择函数都可以由一个逻辑公式来描述，并且这个逻辑是可判定的，在判断社会选择函数是否防操纵这一问题上起了相当大的作用。

同年，艾格特尼斯等，提出了偏好和判断聚合的逻辑，判断聚合是从逻辑的角度研究聚合，考虑如何将多组逻辑公式聚合为一个单个一致集。判断聚合也可以看作偏好聚合的子集。他们提出的判断聚合逻辑（JAL），可以直接解释判断聚合规则。[3]

帕瑞曼和艾格特尼斯 2012 年基于乘积逻辑 $S5^m$，提出了一种投票逻辑（voting logic），增加了算子 $\Box^U$，用于量化所有

---

① Thomas Ågotnes, Michael Wooldridge, and Wiebe van der Hoek, "Towards a Logic of Social Welfare", *In Proceedings of the 7th Conference on Logic and the Foundations of Game and Decision Theory* (*LOFT*), 2006, pp. 1－10.

② Troquard N., W. van der Hoek and M. Wooldridge, "Reasoning about Social Choice Functions", *Journal of Philosophical Logic*, 2011, pp. 1－26.

③ Thomas Ågotnes, Wiebe van der Hoek and Michael Wooldridge, "On the Logic of Preference and Judgment Aggregation", *Autonomous Agents and Multi－Agent Systems*, 2011, pp. 4－30.

真实的情境，即个体如实表达他们偏好的真实世界。进而刻画了独裁、防策略等属性，并完整地表述了 Gibbard – Satterthwaite 防策略不可能定理。另外，帕瑞曼和艾格特尼斯还讨论了该逻辑的表达力问题，说明当存在多个个体（投票者）时，它是不可判定的，然而，也有特例，即当有两个个体时，是可判定的。①

可以看出，上述工作都是基于模态逻辑，以设计适合的逻辑系统来模型社会选择中的防操纵问题。其实，在这方面，逻辑和博弈（logic and games）领域中，有很多这方面的研究，如用模态逻辑来刻画博弈理论中的概念，如策略、偏好、联盟，这也是社会选择中的重要概念。然而，在逻辑和博弈中，关注的是个体如何在一个情境中行为，而不是关注于如何模型一个机制以实现社会选择。

另外，还有一些逻辑学家，利用已有的逻辑框架，如高阶逻辑、命题逻辑、一阶逻辑来研究社会选择问题及刻画防策略不可能性定理。

尼普科夫（T. Nipkow）2009 年，通过用高阶逻辑对阿罗定理和防策略不可能性定理进行了论证。② 同年，唐平中和林方真在命题逻辑的基础上，设计了一种社会选择的逻辑语言，引入了一元谓词情境的概念，并令 4 元谓词 p 来模型个体偏好，3 元谓词 w 来模型集体偏好。此外，还引入了行动 swap（x，a，b），表示在个体 x 的偏好序下，将 a 和 b 交换

---

① Erik Parmann，Thomas Agotnes，“Modal Logics for Social Choice and Undecidability (Extended Abstract)”，*LOFT*，2012.

② Nipkow，T.，“Social Choice Theory in HOL：Arrow and Gibbard – Satterthwaite”，*Journal of Automated Reasoning*，2009，pp. 289 – 304.

位置。基于上述工作，最终将社会选择中的阿罗不可能性定理翻译成相应的逻辑语言，然后使用可满足解析器（SAT solver）来验证，从而完整自动地证明不可能性定理。①

在此基础之上，唐平中2010年，用同样的逻辑语言，通过归纳法，将防策略不可能性定理的条件简化到基本条件（the base case），基本条件是指有两个投票者和三个候选人的情况，即当｜N｜=2并且｜O｜=3时，社会选择函数是一个映射，它是防策略的当且仅当它是独裁的。另外，唐平中还使用了计算程序来验证这个部分，他把这个问题看成是一个限制可满足问题（CSP），并且使用所谓的深度搜索策略（depth-first search algorithm），先找到满足前两个条件的社会选择函数，然而再验证它们都是独裁的。最后，在基本事例下，可以验证有17个防策略社会选择函数是独裁的。② 在某种程度上，借助逻辑来辅助分析和设计社会选择过程，形式地刻画社会选择中一些重要的不可能性定理，从而为自动定理证明打下基础，从计算机科学的观点来看，这个问题是很有趣的。

格兰迪（U. Grandi）和安迪瑞斯（U. Endriss）2009年，用一阶逻辑来模型化社会选择中的理论，将社会选择中的社会福利函数嵌入古典一阶逻辑中，用一阶逻辑成功地刻画了阿罗不可能定理。③ 继而，格兰迪和安迪瑞斯2012年，又用

---

① Tang P. and F. Lin, "Computer-aided Proofs of Arrow's and Other Impossibility Theorems", *Artificial Intelligence*, 2009. 173 (11), pp. 1041-1053.

② Tang P., "Computer-aided Theorem Discovery-A New Adventure and its Application to Economic Theory", PhD dissertation, HKUST, 2010.

③ Grandi, U. and U. Endriss, "First-order Logic Formalisation of Arrow's Theorem", *Springer*-Verlag, 2009.

一阶逻辑来刻画偏好聚合中的不可能性定理，提出了社会福利函数的一阶定理，成功地形式化了社会选择中的三个重要的结论，即对 Arrow 定理（1963）、Sen 定理（1972）、Kirman－Sondermann 定理（1972）进行了逻辑刻画，并用 prover 9，最终实现自动推理证明。①

不难看出，对于验证社会选择中的不可能定理，一个完整的形式化更能保证结果的正确性，并且还可以为自动推理的实现建立很好的基础。笔者认为，这种方法可以作为研究社会选择理论中的古典定理及发现新定理的一种不错的方法。

总之，对于社会选择学家来说，可能最受益的，就是从逻辑中，可以借助纯形式语言来研究和推理社会选择中的重要问题。因此，对社会选择理论中的防策略不可能性定理，提供一个纯形式化表述，以最终实现自动定理证明，以及设计一个适合的逻辑系统来模型社会选择中的防操纵问题，这都是逻辑作为一个工具，应用在社会选择中的重要方面。

三　结语

综上所述，从国外学者对防操纵社会选择理论研究的现状可以看出，借助逻辑工具对防操纵问题的研究，已经引起了逻辑学、计算机科学、经济学等领域中学者的广泛注意。用逻辑的方法来研究防操纵社会选择机制，最终完美地刻画和解决了防操纵问题，从而使其在实践上是可行的，这在今天具有重要的现实意义。然而，对于逻辑学家来说，用现代

---

① Grandi, U. and U. Endriss, "First－Order Logic Formalisation of Impossibility Theorems in Preference Aggregation", *The Journal of Philosophical Logic*, 2012, p. 1.

逻辑模型社会选择中的问题，找到适合的逻辑系统来解决防操纵问题，仍还有许多问题亟待解决。但随着更多的新技术被国内学者所掌握，我们相信，逻辑学界关于防操纵社会选择理论的研究必将逐步丰富起来，并能解决更多的实际问题，研究获得的原创性理论成果也必将推动我国逻辑学理论的发展，使我们的相关研究站在国际的前沿。

吉伯德－萨特思韦特防策略不可能性定理的逻辑初探[①]

一　对公平投票的质疑：吉伯德－萨特思韦特防策略不可能性定理

19 世纪后期，投票选举理论的奠基人之一道奇森（Dodgson）就关注对投票规则的研究，认为人们更倾向于采取策略行为。在现代社会中，从村民自治选举到国外举国参与的总统选举，投票在社会生活中被广泛地应用。然而，在投票选举的过程中，用社会选择规则集结的个人偏好都是个人所表达出来的偏好，但不一定是其真实偏好。在正常情况下，个人的表达偏好与其真实偏好应该是一致的，但不排除在某些特殊情况下，个人出于某种目的而谎报自己的真实偏好，使决策结果发生有利于自己的变化，这就是所谓的“策略投票”。策略投票使得选举结果并不能体现人们的真实意愿，这严重影响了公众的权利。因此，防止策略投票操纵选举结果，也即“防策略”，就显得尤为重要。从直观上讲，防策略通常被认为是一种非常理想的属性，它要求投票者不

---

① 本文曾发表于《重庆理工大学学报》（社会科学版）2016 年第 3 期。

能从谎报他们的真实偏好中获益，进而可以抑制社会选择中的策略投票，促使投票者都投出自己的真实选票，从而使选举结果体现人们的真实意愿，以充分保障社会的公平和正义。

20 世纪 50 年代，诺贝尔经济学奖得主肯尼斯·约瑟夫·阿罗（Kenneth J. Arrow）对投票选举方式做了更深入的研究，并提出了著名的阿罗不可能性定理。阿罗将社会选择问题划归为寻找一个合理的将个人偏好聚合为集体选择的法则，也被称为社会福利函数。他指出，社会福利函数在满足一些合理性条件的前提下将不存在，被称为"阿罗不可能性定理"。具体来讲，社会福利函数应满足无限制定义域（unrestricted domain）、无关选项相独立（independence of irrelevant alternatives）、帕累托最优原则（Pareto principle）与无独裁者（non - dictator）四个条件。但是，当有三个或更多候选人时，满足这些条件的任何理性群体决策将不存在，可见，随着候选人和投票者的增加，"程序民主"必将越来越远离"实质民主"。

在实际的社会选择中，个人的表达偏好常常与其真实偏好不一致，在有策略行为存在的情况下，再沿用阿罗不可能性定理的形式来描述社会选择问题显然已不准确。20 世纪 70 年代，在阿罗定理的基础上，阿兰·吉伯德（Allan Gibbard）和马克·萨特思韦特（Mark Satterthwaite）提出了吉伯德 - 萨特思韦特（Gibbard - Satterthwaite）防策略投票不可能性定理，证明了当存在三个或更多候选人时，任何合理的投票系统都可以被操纵。换句话说，总是存在让投票者通过投出一个非真实意愿的选票而受益的可能。吉伯德 - 萨特思韦特防策略不可能性定理证明了策略投票的必然性，这在理论界引起了很大的震动，特别是对经济领域资源合理配置理论的存在性和合理性提出了巨大的挑战。

吉伯德 - 萨特思韦特防策略不可能性定理在西方经济学理论，特别是社会选择理论中有着十分重要的地位和意义。在过去的30年里，国外许多学者从经济学和数学的角度对吉伯德 - 萨特思韦特防策略不可能性定理进行了分析，戈登福斯（Gärdenfors）①、戴维·施米德勒（Schmeidler）、索南夏因（Sonnenschein）②、巴贝拉（Barberá）③、班诺特（Benoit）④、阿伦瓦·塞恩（Arunava Sen）⑤ 和泰勒（Tayor）⑥ 都对这个定理进行过证明。本文使用逻辑形式化的方法来深入探讨吉伯德 - 萨特思韦特防策略不可能性定理，这对于读者理解定理的内容和证明，具有重要的意义。同时，对于国内哲学和逻辑工作者而言也有重要的参考价值。

二 吉伯德 - 萨特思韦特防策略不可能性定理的内容

首先，我们使用集合论和相关逻辑语言来描述吉伯德 - 萨特思韦特防策略投票不可能性定理的基本思想。

---

① P. Gärdenfors, "A Concise Proof of Theorem on Manipulation of Social Choice Functions", *Public Choice*, 1977, pp. 137 - 142.

② D. Schmeidler and H. Sonnenschein, "Two Proofs of the Gibbard - Satterthwaite Theorem on the Possibility of a Strategy - Proof Social Choice Function", *Decision Theory and Social Ethics Theory and Decision Library*, 1978, pp. 227 - 234.

③ S. Barberá, "Strategy - Proofness and Pivotal Voters: A Direct Proof of the Gibbard - Satterthwaite Theorem", *International Economic Review*, 1983, pp. 413 - 417.

④ J. Benoit, "The Gibbard - Satterthwaite Theorem: A Simple Proof", *Economic Letters*, 2000, pp. 319 - 322.

⑤ Arunava Sen, "Another Direct Proof of the Gibbard - Satterthwaite Theorem", *Economic Letters*, 2001, pp. 381 - 385.

⑥ Alan D. Taylor, "The Manipulability of Voting Systems", *The American Mathematical Monthly*, 2002, pp. 321 - 337.

定义 1.1　集合 A 上的二元关系 R：

自反性 —— $\forall x \in A \quad xRx$

非自反性 —— $\forall x \in A \quad ?(xRx)$

对称性 —— $\forall x,y \in A$　如果 xRy，那么 yRx

非对称性 —— $\forall x,y \in A$　如果 xRy，那么 $?(yRx)$

反对称性 —— $\forall x,y \in A$　如果 xRy 并且 yRx，那么 $x = y$

传递性 —— $\forall x,y,z \in A$　如果 xRy 并且 yRz，那么 xRz

完全性 —— $\forall x,y \in A$　或者 xRy 或者 yRx

定义 1.2（弱序）　如果 R 具有传递性和完全性，那么集合 A 上的二元关系 R 是一个弱序（weak ordering）。

定义 1.3（线性序）　如果具有传递性、完全性、反对称性，那么集合 A 上的二元关系 R 是一个线性序（linear ordering）。

如果 R 是 A 的一个弱序，那么 R 是完全的就表示 R 也是自反的。直觉上，一个弱序就表示有平局的情况，xRy 可以解释为 x 至少像 y 一样好。一个线性序就没有平局的情况。xRy 解释为或者 $x = y$ 或者 x 优于 y。

定义 1.4　R 是 A 上的一个弱序，有偏好（strict preference）P 和无差异（indifference）I，即 $xPy \Leftrightarrow ?(yRx)$，$xIy \Leftrightarrow xRy \wedge yRx$。$P_i$ 和 I_i 指第 i 个投票者的偏好和无差异性。如果 R 是 A 的一个弱序，那么关系 I 就表示相等，关系 P 就表示 A 的一个线性序。

定义 1.5　如果 A 是一个有穷的非空集合（候选人的集

合)，那么A－选票（A－ballot）是A的一个线性序。另外，如果n是一个正整数（$N=\{1,\cdots,n\}$是投票者的集合)，那么(A,n)－断面（(A,n)－profile）就是一个A—选票的n元组（n－tuple)。

如果P是一个(A,n)—断面，那么P可以写作$< P_1,\cdots,R_n >$，也可以表示为（$>_1,\cdots,>_n$)。R_i（或$>_i$）是第i个投票者的选票，表示“投票者i想要的或喜爱的”。

$>$是A上的一个线性序，$<$表示：$\{(x,y) \mid y > x\}$，$\geq$表示：$\{(x,y) \mid x > y \vee x = y\}$，$\leq$表示：$\{(x,y) \mid x < y \vee x = y\}$。

定义1.6 设A是一个非空集合，由A的所有子集组成的集合叫作A的幂集，记作$\wp(A)$，即$\wp(A) = \{x \mid x \subseteq A\}$。

$P(A)$是所有(A,n)—断面的集合，对于$n \in \mathrm{N}$，函数$V:P(A) \to A$是A的一个单值投票规则（resolute voting rule)。函数$V:P(A) \to \wp^{+}(A)$是A的一个投票规则（voting rule)。函数$V:P(A) \to \wp^{+}(A) \to \wp^{+}(A)$，且$V(P)(v) \subseteq v$，是$A$的一个社会选择函数（social choice function)。函数$V:P(A) \to ord(A)$，是A的一个社会福利函数（social welfare function)。

定义1.7（防策略） 令$P \sim_i P'$：表示P和P'仅在投票者i的选票中不同。如果$P \sim_i P'$，则$V(P) \geq_i V(P')$，那么单值投票规则V是防策略（strategy－proof）或防操纵的(non－manipulable，简写为NM)。

注意在P中，“投票者i所偏爱的”可被表示为$>_i$，并

且在 P' 中，“投票者 i 所偏爱的”被表示为 $>'_i$，如果改变选票，即从 $>_i$ 变为 $>'_i$，要比坚持使用 $>_i$，能得到更好的结果，那么这个投票规则就可能会存在策略投票。

定义 1.8（非强加）　如果 $\forall a \in A \exists P: a \in V(P)$，那么投票规则 V 是非强加的（non-imposed，简记为 NI）。这意味着任意候选人都可以成为获胜者。

这里我们要使用一种较弱的属性。如果至少三个结果是可能的，即 $|\{x \mid \exists P: V(P) = x\}| \geqslant 3$，那么一个单值投票规则 V 是弱非强加的（weakly non-imposed）。

定义 1.9（独裁的）　如果存在某些 k，使得 $V: P(A) \to A$，且映射任意 P 到 $>_k$ 排序的顶端，那么单值投票规则 V 是独裁的（dictatorship）。

定义 1.10（有效的）　对于 V 和 P，如果存在某些 P'，具有 $P \sim_i P'$ 且 $V(P) \neq V(P')$，那么这个投票者 i 是有效的（effective）。

在上述准备的基础上，著名的“吉伯德－萨特思韦特防策略投票不可能性定理”可以表示为：

定理 1.1（吉伯德－萨特思韦特防策略投票不可能性定理）

在线性投票的情况下，n 是一个正整数，A 是三个或三个以上候选人的集合，若对于 (A, n) 的任意单值投票规则是防策略（NM）的和非强加（NI）的，则必存在独裁。①

① A. D. Taylor, *Social Choice and the Mathematics of Manipulation*, *Cambridge University Press*, 2005, p. 61.

三　吉伯德－萨特思韦特防策略不可能性定理的证明

吉伯德－萨特思韦特防策略投票不可能性定理是社会选择理论和实施理论中具有标志性的成果，是防策略投票理论的基石。吉伯德－萨特思韦特防策略投票不可能性定理也是比较复杂的，因此，它的证明显得尤为重要。吉伯德－萨特思韦特防策略投票不可能性定理有很多证明方法，Saari 方法是目前较新的方法，该证明不仅在数学上十分完美，而且在经济学与社会选择理论上更有意义。下面将在第一部分工作的基础上，运用逻辑形式化的证明方法给出吉伯德－萨特思韦特防策略投票不可能性定理证明的基本思路。

令 $P \approx_i P'$ 表示 $P \sim_i P'$ ，并且 $>_i$ 和 $>'_i$ 是通过毗邻换位而联系。对于 x ，y ，一个毗邻换位就是从 $\cdots xy\cdots$ 转换为 $\cdots yx\cdots$

过渡属性（CP）：如果 $P \approx_i P'$ ，那么 $V(P) = V(P')$ 或者 $V(P) = x$ 且 $V(P') = y$ ，其中，$>_i = \cdots xy\cdots$ ，并且 $>'_i = \cdots yx\cdots$

引理 2.1（过渡引理）　如果 V 是 NM，那么 V 有 CP。

证明：令 $P \approx_i P'$ ，$>_i = \cdots xy\cdots$ ，$>'_i = \cdots yx\cdots$ 。也就是说，$>_i$ 到 $>'_i$ 是通过 x 和 y 的相邻换位而联系的。假设 $V(P) \neq V(P')$ ，必须表明 $V(P) = x$ 且 $V(P') = y$ 。通过 NM，我们得到 $V(P) \geq_i V(P')$ 且 $V(P) {}_i V(P')$ 。因为两个序列的不同仅在于 x 和 y 的位置，并且 x 和 y 是毗邻的。因此，得到 $V(P) = x$ 且 $V(P') = y$ 。

引理 2.2（有效引理）　如果 V 是 NM 并且 NI，i 对于 P 是有效的，那么在 P 中，$V(P)$ 是 i －选票的顶端。

证明：假设 V 是 NM 并且 NI，那么通过过渡引理，V 有 CP。

假定对于 P 来说，i 有效。那么 $V(P) <_i x$，其中 x 是在 P 中 i 投票的顶端。

因为 i 是有效的，存在意向表 P'，其中 $P \sim_i P'$ 并且 $V(P) \neq V(P')$。由 NM，得到 $V(P) \geq_i V(P')$。

令 $y = V(P)$ 并且 $z = V(P')$，那么在 P 中 i – 选票有模式 $x \cdots \dot{y} \cdots z \cdots$，其中，$\dot{y}$ 是指 y 是投票的结果。现在改变 P 中的所有投票，同时，保持 x, y, z 的顺序不变。令结果是 Q。通过 CP，我们得到 $V(Q) = V(P) = y$。所以 i – 选票和在 Q 中投票的结果由 $x\dot{y}z$ 给定。

通过 CP。对于投票者如何能改变相关选票的唯一一致排列是由下面的式子给定的，即 $x\dot{y}z \approx_i x\dot{z}y \approx_i \dot{z}xy \approx_i \dot{z}yx \approx_i \dot{y}zx \approx_i \dot{y}xz$（$\approx_i x\dot{y}z$）。

我们也可以这样看，在 Q 中，i 最喜欢的候选人是 x。现在令所有其他投票者改变他们的投票，依次地，通过向上移动 x，不改变 y 和 z 的顺序。那么通过 NI，存在 j, R, R_1，有 $R \approx_j R_1$，$V(R) = V(Q) = y$，并且 $V(R_1) = x$。

假定 i 在 R 中无效，在 R 中，令 R' 是改变 i – 选票从 xyz 到 xzy 的结果。在 Q 中，令 Q' 是改变 i – 选票从 xyz 到 xzy 的结果。那么 $V(Q') = z$，$V(R') = y$。这与 CP 矛盾。对于 R' 可以通过毗邻换位改变选票到达 Q'，并且不影响 y 和 z 的相关顺序，所以 i 在 R 中是有效的。

因为 $R \approx_i R_1$，对于选票 j 如何改变，有两个可能：$\dot{y}xz \xrightarrow{j} \dot{x}yz$ 和 $z\dot{y}x \xrightarrow{j} z\dot{x}y$。如下两个示例：

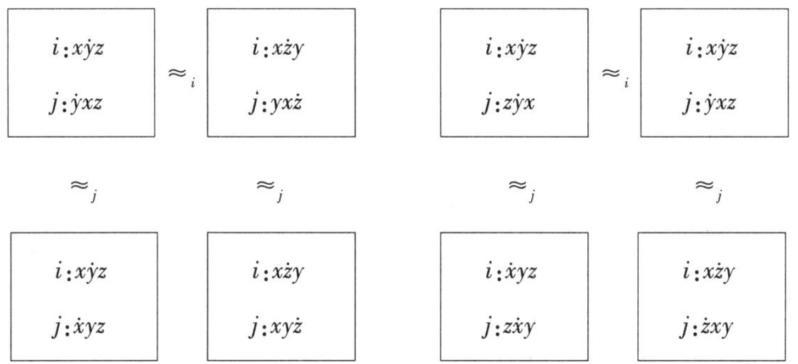

可见，在这两个示例中，下面的一行都和 CP 有矛盾：通过向左移动，i 可以操纵下行右边的选票。得证。

定理 1.1（吉伯德－萨特思韦特防策略投票不可能性定理） 在线性投票的情况下，n 是一个正整数，A 是三个或三个以上候选人的集合，若对于 (A,n) 的任意单值投票规则是防策略（NM）的和非强加（NI）的，则必存在独裁。

证明：令 V 是一个单值投票规则，并且 NM 和 NI，通过 NI，使得 i 对于 P 是有效的。假设存在另一个对于 P 的有效投票者 j。通过有效引理，对于每个 P'，$P \sim_i P'$，i 决定投票。并且对于每个 P''，$P \sim_j P''$，j 决定投票。

令 Q 是 i 和 j 改变他们选票的结果，i 对应他的选票 P'，j 对应他的选票 P''。那么，如下所示：

V（P）＝x	$\sim_i$	V（P′）＝y
$\sim_j$		$\sim_j$
V（P″）＝z	$\sim_i$	V（Q）＝?

假定 $V(Q) \neq V(P')$，那么在 P' 中，j 是有效的。通过有效引理，在 P' 中，$V(P')$ 应该等价于 j 的偏爱，但是并非如

此。因此 $V(Q) = V(P')$。相似地，在 P'' 中，i 是有效的。通过有效引理，在 P'' 中，$V(P'')$ 应该等价于 i 的偏爱，但是并非如此。矛盾。

对于 P 来说，i 是唯一有效的投票者。令 R 是任意的意向表，R_0 是所有投票者的结果，除了 i 改变他的选票 P 为选票 R，这个投票并没有改变，并且在 R_0 中，i 仍是唯一的有效投票者。从而得到，在 R 中，i 决定投票的结果。所以，对于任意的意向表，i 是唯一有效的投票者，因此，i 是独裁者。

四　结语

通过逻辑形式化的方法，来刻画吉伯德-萨特思韦特防策略投票不可能性定理，这对于读者认识和理解社会选择中的策略投票提供了一个十分重要的分析视角。更富有启发性的是，将社会选择理论中的吉伯德-萨特思韦特防策略投票不可能性定理，转化为一个纯形式化的表达，构建了和自动推理的联系，以期最终实现定理的机器自动证明，这也是逻辑作为工具应用到社会选择中的重要价值。另一方面，吉伯德-萨特思韦特防策略不可能性定理中存在着很多精细的问题，它们为逻辑提供了一个很好的直观来源和分析舞台。对此，目前国外学者的更进一步的想法是采用更具表达力的形式化工具，来进一步形式化投票变化过程，以展示某些情境下的精细结构。可见，社会选择中的投票互动及其变化的复杂性反过来又可以为形式化本身的研究提供思想源泉，从而激发逻辑的进一步发展，促其产生新的逻辑分支和分析工具。因此，从一个学科的角度去研究另一个学科的理论，用一个学科中的方法来研究另一个学科中的问题，最终完美地刻画和解决策略投票问题，这在今天具有重要的理论意义和现实意义。

投票理论阐释的新视角

——从逻辑的角度看[①]

公正理性的社会选择往往很困难，我们分析在何种条件下，个体偏好能以一种满意的方式被汇总成社会偏好，或者更直接地，被汇总成社会决策。如何透明而合理的作出决策？在现实生活中，进行社会选择最常用的方法就是投票，在协商民主理论与实践日益广泛传播与深化的大背景下，投票是一种体现民主制度的方法，也是一种很重要的进行社会决策的方法。

投票理论的研究范围涵盖了社会选择理论、人工智能、政治学和经济学等领域，是一个跨文化、多学科交叉的研究领域。与此同时，现代逻辑在社会选择中已经作出了很多贡献，是目前国际上的研究热点，世界许多知名的大学都有专门的研究机构，例如荷兰的阿姆斯特丹大学，专门成立了逻辑、语言与计算研究所；美国的斯坦福大学，成立了语言与信息研究中心；纽约城市大学成立了知识、博弈和信念团体等。可见，现代逻辑的蓬勃发展，为投票的研究提供了更多

---

① 本文已发表于《世界哲学》2018 年第 1 期。

的理论支持，使许多问题有了新的解决方案。

一 引 言

投票理论最早可追溯到孔多塞[①]对投票悖论的研究。1785 年，法国经济学家孔多塞在《有关简单多数票法所做决策的概率应用分析》一文中，第一次阐述了在两两相决的投票中存在悖论。该领域的典型问题是偏好聚合，人们有很多给定的备选方案，如何能将个体偏好转化为群体偏好呢？这不是一个简单的问题，考虑下面的例子：假设有三个主体，面对 A、B 和 C 三个备选方案，每个主体的偏好被建模为一个线性序，如下：

Agent 1：A > B > C；

Agent 2：B > C > A；

Agent 3：C > A > B；

一般使用多数投票规则（majority voting rule），即少数服从多数的原则，依据这条规则，我们得到大多数的主体偏好（主体 1 和主体 3）是 A > B，同样大多数主体偏好（主体 1 和主体 2）是 B > C，根据“逻辑一致性”原则，偏好是可传递的，也就是说，大多数主体的偏好是 A > C。但是，事实上多数主体的偏好是（主体 2 和主体 3）是 C > A。因此，出现矛盾，这被称作“孔多塞悖论”（Condorcet's paradox），它就好像是一只小狗，在没完没了地追着自己的尾巴，永远的循环下去。可见，多数投票规则并不一定具有偏好传递性。

---

① Condorcet, Marquis de., Essai sur l´application de l´analyse à la probabilité des décisions rendues à la pluralité des voix, Paris, 1785.

那么，除了多数投票规则，是否有一个更好的聚合规则，不会出现悖论的这种情况。

基于不同的观点和立场，学者们提出了不同的解决方案。例如，当不可能定理中的某些假定条件被限制或者放宽时，结果可能会是肯定的。1958 年，邓肯·布莱克（D. Black）在他的《委员会和选举理论》一书中明确提出了"单峰"（Single - Peaked）偏好[①]。单峰偏好，是指在一系列备选方案中，有一个最理想的方案，如偏离这个最理想方案，其效用都是递减的。布莱克指出，只要投票者的偏好是单峰型的，多数投票规则一定可以产生出唯一的均衡点。也就是说，可能会产生一种均衡的投票结果。但是，在现实生活中，单峰偏好这一条件太局限了，投票者的偏好一般都具有多维选择。

此外，1998 年，经济学家阿马蒂亚·森（Amartya Sen）也做了大量工作，在《多数票决策的可能性定理》一文中提出了价值限制（Value Restriction）定理，指出当投票者的人数为奇数时，如果所有投票者的选择是价值限制性质的，也即投票者都同意其中一项备选方案并非是最佳的，那么在这种情况下，孔多塞悖论是可以避免的。[②] 应该指出的是，价值限制偏好虽然可以避免孔多塞悖论，但是它局限了投票者的人数必须为奇数，很显然，这过于苛刻了。

社会选择理论中提出了一个所谓的"公理化方法"，也

---

① Black, D., *Theory of Committees and Elections*, Cambridge: Cambridge University Press, 1958.

② Sen, A. K., "A Possibility Theorem on Majority Decisions", *Econometrica*, Vol. 34, 1966.

即将聚合规则形式化，规范为数字上的严格的“公理”。从科学的角度看，它经常被列入经济理论之中，但它也是社会科学和哲学的重要部分。但是，结果表明：我们无论采用什么方法来汇总个体偏好而产生的社会选择，总会存在一些个体偏好，让社会选择不具有传递性，就像孔多塞投票悖论一样，也即根本不存在一种尊重个人偏好、并且不依赖于程序的投票方案。

毫无疑问，对投票的论证和分析真正造成影响的，则是著名的三大不可能定理，即阿罗不可能定理①、吉伯德－萨特思韦特不可能定理②和森的不可能定理③，它们分别证明了，在假定的条件下，不可能出现使社会福利最大化的投票安排，不可能防止策略投票，不可能使个人主权与集体权利相一致。毋庸置疑，世界上任何事情都不是完美无缺的，投票也是如此。之后，学者们围绕这三大不可能定理进行了大量的研究，努力使“不可能”成为“可能”。

由上可见，投票理论中旧问题的解决往往伴随着新问题的产生，以上方法虽然在一定程度上克服了悖论和不可能定理，但是还是有很多问题有待解决。因此，需要从多方位、多角度的深入研究，这需要借助逻辑工具进行理论突破。

---

① Arrow, K. J., *Individual Values and Social Choice*, New York: John Wiley, 1951.

② Gibbard, A., “Manipulation of Voting Schemes: A General Result”, *Econometrica: Journal of the Econometric Society*. Vol. 41, 1973; Satterthwaite, M. A., “Strategy－proofness and Arrow's Conditions: Existence and Correspondence Theorems for Voting Procedures and Social Welfare Functions”, *Journal of Economic Theory*. Vol. 10, 1975.

③ Sen, A. K., “The Impossibility of Paretian Liberal”, *The Journal of Political Economy*, Vol. 78, 1970.

二　投票理论的基本形式体系

下面，我们形式化的给出投票理论中经常用到的概念和公理。

1. 投票理论中的概念

给定投票人集 $N = \{1, \cdots, n\}(n \geqslant 2)$ 和候选人集 $X = \{x_1, x_2, \cdots\}$，两者都为有限集合。在经济学术语中，一般使用代理人和事件，而在投票理论中，我们使用投票人集和候选人集。

设 L 为候选人集 X 上所有的线性序之集，线性序就是满足传递性与完备性的双向运算，可以理解为某投票者对候选人的一个偏好组合，集合 L^n 就是意向表的集合。R 解释为关于投票人集的偏好关系，我们说某个人 i 的偏好关系时，就记作 R_i。

社会福利函数（social welfare function，SWF）定义为 $W: L^n \rightarrow X$，也即个体的偏好组合到集体偏好的映射；另外，社会选择函数（social choice function，SCF）定义为 $C: L^n \rightarrow L$。可见，两者分别为候选人集合的最终排序与最终选择。

2. 投票理论中的公理

• 匿名性（anonymity）：表示投票者不应该影响结果，只有选票才会影响结果，这就要求平等的对待投票者。形式化表示为：$W(R_1, \cdots, R_n) = W(R_{\mu(1)}, \cdots, R_{\mu(n)})$，$R$ 为任意的选票组合。

• 帕累托原则（pareto principle）：也称为一致同意规则（the consensus principle），表示如果所有投票者都将 X 排在前面，或者说候选人 X 比候选者 Y 优秀，那么 Y 无法成为最终的获胜者。若 $a_1 a_2 \in X$，$\forall i, a_1 >_i a_2 \rightarrow a_1 >_w a_2$ 成立，则社会福利函数 W 具有帕累托法则。

• 无关备选项的独立性（independence of irrelevant alternatives，IIA）：也称为不相关选择的独立性，从某种意义上来看，候选人 Y 最初未能胜出，所以他是“无关的”，将他从候选人中移除不应改变投票的结果。若 $\forall_i (a_1 >'_i a_2 \leftrightarrow a_1 >''_2 a_2) \rightarrow (n_1 >'_w a_2 \leftrightarrow a_1 >''_w a_2)$，则社会福利函数 W 具有无关备选项的独立性。

• 非强加性（non－imposed）：表示对于每个候选人，都存在一种选票的组合，使其为唯一的获胜者，或者说任意的候选人都有可能获胜。即 $\forall x \exists R(C(R) = \{x\})$，其中 $R \in L(X)^N$。

• 独裁者（dictator）：如果投票者在任何选票组合下选择的候选项总是获胜，这名投票者就是一名独裁者。这意味着，某个人的偏好代表整个社会的偏好。设 $>_W$ 是由社会福利函数 W 选择的偏好排序，若 $\exists i \in N, \forall a_1 a_2 \in X$，$(a_1 >_i a_2 \rightarrow a_1 >_w a_2)$，则社会福利函数 W 具有独裁性，其中 i 即称为独裁者。

3. 基于多主体策略逻辑（MASL）的投票理论

多主体策略逻辑是对个体或群体策略能力进行推理的一种模态逻辑。我们借助多主体策略逻辑语言来探讨投票问题，进而提供了一个从模态逻辑角度探讨投票的有效途径，也为社会选择理论的研究提供了理论支持。

1. MASL 的语言和语义

令 N 是给定一个主体集，Si 是策略集，多主体策略逻辑的策略术语（strategy term）定义如下：

$$t_i ::= a \mid ?? \mid !!\text{。}$$

其中，$i \in N$，$a \in \{Si\}$ 是主体 i 的所有策略的集合。

??：表示相对于对手的个体策略，它是一个随机术语，要根据对手的行动而制定其策略。

!!：指主体的当前策略。表示主体保持当前的策略不变。

多主体策略逻辑的策略向量（strategy vectors）定义如下：

$$c ::= (t_1, \cdots, t_n)\text{。}$$

令 Φ 是博弈结果值的集合，o：$S \to P$ 是结果函数。

多主体策略逻辑（MASL）的基本语言由下面的规则定义①：

$$\phi ::= \top \mid c \mid p \mid \neg\phi \mid \phi_1 \wedge \phi_2 \mid [\gamma]\phi,$$

$$\gamma ::= c \mid ?\phi \mid \gamma_1;\gamma_2 \mid \gamma_1 \cup \gamma_2 \mid \gamma^*\text{。}$$

其中，$p \in \Phi$。c 是策略向量。$[\gamma]\phi$表示从当下状态对γ的每一种终端处理导致了一个状态，在该状态中，保留了信息ϕ。在此基础上的$[\gamma]$就可以定义为：（合成）$\gamma_1;\gamma_2$表示先处理γ_1，再处理γ_2；（选择）$\gamma_1 \cup \gamma_2$表示或者处理γ_1，或者处理γ_2；（重复）γ^*表示对γ处理了有限次数，也可以是零次；（测试）$?\phi$表示测试公式ϕ是否成立，如果它成立，就继续，如果不成立，就失效。

命题的联结词还可以定义$\bot$，$\phi_1 \vee \phi_2$，$\phi_1 \to \phi_2$，$\phi_1 \leftrightarrow \phi_2$和$\langle r \rangle\phi$。另外，我们定义$[(??, \cdots, ??, a, ??, \cdots, ??)]$表示投票者 i 的选择是 a，同时其他投票者的选择不确定。

---

① Van Eijck, J., "PDL as a Multi - Agent Strategy Logic", *TARK*, 2013.

$[(!!, \cdots, !!, a, !!, \cdots, !!)]$ 表示投票者 i 选择 a，同时其他投票者坚持他们以前的选择。

在投票中，第一个投票者的策略是 b，第二个投票者坚持他的投票，第三个投票者可能改变，也可能不改变它的策略，可以表示为：$(b, !!, ??)$，在策略意向表 $s = (a, b, c)$ 中，有 $[(b, !!, ??)]^{A,s} = \{b\} \times \{b\} \times \{a, b, c\}$。

（MASL 的语义）给定一个模型 $M = \{N, S, o\}$，其中 $o: S \rightarrow P$：

$M, s \models \top$；

$M, s \models c$　　当且仅当 $s \in [c]^{S,s}$；

$M, s \models p$　　当且仅当 $s \in o^{-1}(p)$；

$M, s \models \neg\phi$　　当且仅当 $M, s \not\models \phi$；

$M, s \models \phi_1 \wedge \phi_2$　　当且仅当 $M, s \models \phi_1$ 并且 $M, s \models \phi_2$；

$M, s \models [\gamma]\phi$　　当且仅当 对于所有的 $t, (s, t) \in [\gamma]^M$，$M, t \models \phi$；

$[c]^M = \{(s, t) \mid t \in [c]^{S,s}\}$；

$[?\phi]^M = \{(s, s) \mid M, s \models \phi\}$；

$[\gamma_1; \gamma_2]M = [\gamma_1]M \circ [\gamma_2]^M$；

$[\gamma_1 \cup \gamma_2]M = [\gamma_1]M \cup [\gamma_2]^M$；

$[\gamma^*]M = ([\gamma]M)^*$。

这里 $[\gamma_1]M \circ [\gamma_2]M$ 中的 $\circ$ 表示关系构成，$[\gamma^*]M$ 中的 $*$ 表示自反传递闭包。

2. MASL 的表达力

令 $(i_a, \overline{!!})$ 是策略向量 $(!!, \cdots, !!, a, !!, \cdots, !!)$

的缩写，表示 a 在第 i 个位置上，其他位置都是!!。令 $[(i, \overline{!!})]\phi$ 是 $\bigwedge_{a \in S_i}[(ia, \overline{!!})]\phi$ 的缩写，那么 $[(i, \overline{!!})]\phi$ 表示为投票者 i 通过当前策略意向表，使得φ成立。同时，假设其他投票者的策略选择都保持不变。

令 $(ia, \overline{??})$ 是策略向量（??，…,??，a,??，…,??）的缩写，表示 a 在第 i 个位置上，其他位置都是??。令 $[(ia, \overline{??})]\phi$ 缩写为 $\bigwedge_{a \in S_i}[(ia, \overline{??})]\phi$，那么 $[(i, \overline{??})]\phi$ 表示不管其他投票者的策略是什么，投票者 i 的策略集使得φ为真。

令 $(\overline{??})$ 是（??，…,??）的缩写，$<(\overline{??})>\phi$ 表示在某些状态中，使得φ为真。

基于多主体策略逻辑，我们来刻画投票理论中的一些相关性质：

• 纳什均衡（nash equilibrium）：

下面的公式表示了当前策略意向表是一个纳什均衡：

$$\bigwedge_{i \in N} \bigvee_{v \in U}(ui \geq v \wedge [(i, \overline{!!})] \neg ui > v)。$$

下面的公式表达了博弈是纳什的。

$$<(\overline{??})> \bigwedge_{i \in N} \bigvee_{v \in U}(ui \geq v \wedge [(i, \overline{!!})] \neg ui > v)。$$

• 多数投票规则（plurality voting）：

令 A 是候选人的集合。令 P_a 是所有完全策略向量的集合，其中 a 和其他的备项或候选人相比，可以得到更多的投票。那么得到：

$$\bigwedge_{x \in A} \bigwedge_{c \in p_x}[c]\ x。$$

• 单值性（resoluteness）：

如果一个投票规则是单值的，那么就总是存在一个获胜者，可以表达为如下的公式：

$$[\ (\overline{??}\ )\ ]\ \bigvee_{a\in A}(a\ \wedge\ \bigwedge_{b\in A-\{a\}}?b)\ 。$$

• 非强加 (non - imposedness)：

如果至少三个结果是可能的，那么一个投票规则是（弱）非强加的，把投票看成一个博弈，我们可以描述为如下公式：

$$\bigvee_{a\in A}\ \bigvee_{b\in A-\{a\}}\ \bigvee_{c\in A-\{a,b\}}(<(\ \overline{??}\ )>a\ \wedge<(\ \overline{??}\ )>b\ \wedge<(\ \overline{??}\ )>c)\ 。$$

• 独裁 (dictatorship)：

在多主体博弈中，一个独裁者是一个总能得到他想要的主体。他所得到的效益至少和其他主体所能得到的一样多。使用缩写 (i, $\overline{??}$)，可以表示为如下公式：

$$\bigvee_{v\in U}\ \bigwedge_{j\in N-\{i\}}[\ (??)\ ](\ ?\ u_i\ \geqslant v\ \wedge\ \langle\ (i,\overline{!!})\ \rangle u_i\ \geqslant \mathrm{v})\ 。$$

此外，多主体策略逻辑的模型检测是 PTIME - 完全的。[①] 多主体策略逻辑的可满足性检测是 EXPTIME - 完全的。

3. 防操纵（或称防策略，strategy - proofness）

如何能准确地获取每个个体的偏好呢？我们可以直接要求每个个体给出他对社会状态的排序，但这又会遇到一个问题。如果错误地给出个体偏好而能受益，个人就会瞒天过海，而不是实话实说。于是，要想使个体不谎报偏好，社会选择函数必须就具备防操纵的独特性。如果社会选择函数是防操纵的，则无论个体偏好是什么，都没有人能从谎报偏好

---

① Lange, M., "Model Checking Propositional Dynamic Logic with all Extras", *Journal of Applied Logic*, Vol. 4, 2006.

中受益。反之，如果社会选择函数不是防操纵的，则至少存在一种（或多种）可以使得某个人能从谎报偏好中受益的情况。

防操纵投票的意义影响深远，这是由吉伯德（1973）和萨特思韦特（1975）提出来的，并以吉伯德–萨特思韦特不可能定理达到了顶峰。具体来讲，如果存在三个可供选择的备选项，那么在个体偏好在非约束的定义域下，一个社会选择函数要么是独裁的，要么就是容易被操纵的。这说明唯一存在的是被个体控制的独裁机制。按照这个脉络，在一个足够丰富的背景中，设计一个非独裁的投票程序是实属妄想。

然而，幸运的是，这并不意味着一切都是徒劳，下面我们将投票视为一个多主体的策略“博弈”，用多主体策略逻辑语言严格给出防操纵公式，如下：

对于任意意向表 S 和任意主体（或投票者）i，如果改变他们的投票不能带来比现在还好的结果（根据 S 中 i 的偏好），那么一个投票规则是防操纵的。可以表示为如下公式：

$$[(\overline{??})]\bigwedge_{i\in N}\bigvee_{v\in U}(u_i \geqslant v \wedge \neg\langle(i,\overline{!!})\rangle u_i > \mathrm{v})。$$

四　基于认知多主体策略逻辑（EMASL）的投票理论

EMASL 是 MASL 的扩展。在投票理论中，许多性质有认知版本，可以用 MASL 逻辑表示的性质也可以用 EMASL 表示。

1. EMASL 的语法和语义

EMASL 的语言可以由下列方式给出：

$$\varphi ::= \top \mid c \mid p \mid \neg\varphi \mid \varphi_1 \wedge \varphi_2 \mid [\gamma]\varphi,$$

$\gamma ::= c \mid ?\varphi \mid \gamma_1 ; \gamma_2 \mid \gamma_1 \cup \gamma_2 \mid \gamma^*$，

$\alpha ::= i \mid i^{\vee} \mid ?\varphi \mid \alpha_1 ; \alpha_2 \mid \alpha_1 \cup \alpha_2 \mid \alpha^*$。

其中，$i \in N$。$i^{\vee}$ 表示 i 关系的反（converse）。我们定义 i 为 $(i \cup i^{\vee})^*$，那么 i 是一个自反的、对称的和传递的知识算子。

扩展的博弈形式是一个多元组：$(N, W, R_1, \cdots, R_n)$。其中，W 是序对（G，s）的集合，其中，G =（N，S）是一个博弈形式，$s \in S$，每个 R_i 是 W 上的二元关系。

（EMASL 的语义）给定一个模型 M，令 $w \in W$。我们递归定义一个公式在 M，w 上是真的，公式的真值解释如下：

$M, w \models$　　当且仅当 $w = ((N, S), s)$ 并且 $s \in [c]^{S,s}$，

$M, w \models [\alpha]\varphi$　　当且仅当对于所有 w'，$(w, w') \in [\alpha]$：$M, w' \models \varphi$，

$[c]^M = \{(w, w') \mid w = ((N, S), s), w' = ((N, S), t) t \in [c]^{S,s}\}$，

$[i]^M = R_i$，

$[i^{\vee}]^M = (R_i)^{\vee}$。

对于所有的 $i \in N$，我们令 $W = \{(G, s) \mid s \in S\}$ 并且 $R_i = \{((G, s), (G, s')) \mid s[i] = s'[i]\}$。我们称其为 G 的认知提升（epistemic lift），记作 $G^{\#}$。在 $G^{\#}$ 中，可达关系表示每个主体可以区分自己的行为，而不能区分其他主体间的行为。

2. EMASL 的表达力

• 知道独裁：

在多主体博弈中的独裁者，被定义为一个总是能够得到最高利益的主体，一个知道的独裁者是一个不仅有这个能力，而且也知道他有这个能力的主体。

$$[i]\bigvee_{v\in U}\bigwedge_{j\in N-\{i\}}[(??)](?u_j > v \wedge \langle(i,!!)\rangle u_i \geqslant v)\text{。}$$

• 知道防操纵：

对于任意意向表 S 和任意主体（或投票者）i，他们知道，如果改变他们的投票不能带来比现在还好的结果（根据 S 中 i 的偏好），那么一个投票规则是防操纵的。可以表示为如下公式：

$$[i][(\overline{??})]\bigwedge_{i\in N}\bigvee_{v\in U}(u_i \geqslant v \wedge ?\langle(i,\overline{!!})\rangle u_i > \mathrm{v})\text{。}$$

回溯之前的讨论，我们发现，在投票理论中，确实存在着一些比较消极的结论，比如几乎所有的投票都有可能被操纵。明显地，“可操纵性”具有一种负面意义。可操纵性不仅仅是目前才发现的一个现象，早在多年以前，就有众多学者对此进行了深入分析和研究，人们发现设计一个完美的防操纵投票程序，无疑是非常重要的。现在，我们看到，无论是在语言上，还是在语义上，多主体策略逻辑和认知多主体策略逻辑都能够更严格准确的刻画投票中的概念和定理，能够更清晰地表示投票理论中的重要思想和涵义。更重要的是，刻画了防操纵投票的独特性，对投票中的防操纵提供了一种一般性的分析框架，我相信这一方法具有广阔的前景，这也是现代逻辑应用于投票理论的优势。

五 结论

我们将一个社会的个体偏好整合为集体偏好，这样看起来，多少有些“技术化”的因素。在一个以市场为主导的时代中，投票是否会略显多余？未必如此。事实上，投票是一把双刃剑，是需要不断改进和完善的。我们也许永远也找不到一个万能的钥匙，普适性的理论和方法，无论是在自然科学还是在社会科学中，都是不存在的。我们只能对具体问题给出相应解决问题的方式。

近些年来，人们将逻辑作为一种基本的工具运用到日常生活中，而投票领域正是它的应用之一。尽管逻辑工具可能不是用于投票研究的最好的形式工具，但是，笔者认为它在这一研究中依然起着重要的作用。与自然语言相对比，逻辑的形式语言能更加精确地表达多主体系统的性质。我们可以考虑将分析投票问题的形式语言转换为计算机可识别的程序代码，并借助现有的计算机模拟技术对相关问题进行处理，从而实现计算机对投票问题的模拟和解决。① 本文借助多主体策略逻辑和认知多主体策略逻辑，对投票理论中的概念与行为都给出了严格的解释，为建立投票的逻辑系统和模型给予了技术支持，也为分析投票程序，以进行计算机模拟处理打下了基础。

综上所述，通过独特的逻辑方法和严格的演绎思维，为我们设计投票程序提供了至关重要的途径，逻辑学家们设计出一些投票的形式化模型，让人们能够更准确地进行选择和决策，可以一窥逻辑在社会科学领域的重要应用，借此也为逻辑学家找到一扇开启逻辑应用于经济学和政治学的“芝麻之门”。

---

① Benthem, J., Blackburn, P. and Wolter, F., *Handbook of Model Logic*, Amsterdan: Elsevier, 2007.

参考文献

中文参考文献

［1］罗云峰、肖人彬：《社会选择的理论与进展》，科学出版社 2003 年版。

［2］胡卫群、盛立人、肖箭、杨明辉、蒋华松：《选举几何学》，科学出版社 2011 年版。

［3］张恒龙、陈宪：《社会选择理论研究综述》，《浙江大学学报》（人文社会科学版）2006 年第 2 期。

英文参考文献

［1］Endriss U.，"Logic and Social Choice Theory"，In A. Gupta and J. van Benthem. editors，*Logic and Philosophy Today*，College Publications，2011，pp. 333 –377.

［2］Faliszewski P.，Hemaspaandra E.，Hemaspaandra L. A. et al.，"The Shield That never was：Societies with Single – peaked Preferences are more Open to Manipulation and Control"，*Information and Computation*，2011，209（2），pp. 89 –107.

［3］Endriss U.，"Applications of Logic in Social Choice Theory"，*Computational Logic in Multi – Agent Systems*，2011， pp. 88 -91.

[4] van Eijck J., "A Geometric Look at Manipulation", *Computational Logic in Multi-Agent Systems*, 2011, pp. 92 -104.

[5] van Eijck J., F. Sietsma and S. Simon, "Reflections on Vote Manipulation", *Logic Rationality, and Interaction*, 2011, pp. 386 -387.

[6] Erik Parmann and Thomas Ågotnes, "Modal Logics for Social Choice and Undecidability", *LOFT*, 2012.

[7] van Eijck J., "PDL as a Multi - Agent Strategy Logic", *TARK*, Chennai, 2013, pp. 208 -214.

[8] Campbell D. E. and Kelly J. S., "Impossibility Theorems in the Arrovian Framework", *Handbook of Social Choice and Welfare*, 2002. 1, pp. 35 -94.

[9] Agotnes T., Hoek W., Wooldridge M., "On the Logic of Preference and Judgment Aggregation", *Autonomous Agents and Multi-Agent Systems*, 2011, 22 (1), pp. 4 -30.

[10] Pacuit E., "Social Choice Theory for Logicians", *Studia Logica*, 2012. 84 (2), pp. 171 -210.

[11] Porello D. and Endriss U., "Ontology Merging as Social Choice", *Computational Logic in Multi - Agent Systems*, 2011, pp. 157 -170.

[12] Troquard N., W. van der Hoek and M. Wooldridge, "Reasoning about Social Choice Functions", *Journal of Philosophical Logic*, 2011, pp. 1 -26.

[13] Tang P. and Lin F., "Computer - aided Proofs of Arrow's and other Impossibility Theorems", *Artificial Intelligence*,

2009. 173 (11), pp. 1041 – 1053.

[14] Hazon N. and Elkind E., "Complexity of Safe Strategic Voting", *Algorithmic Game Theory*, 2010, pp. 210 – 221.

[15] Nipkow T., "Social Choice Theory in HOL", *Journal of Automated Reasoning*, 2009. 43 (3), pp. 289 – 304.

[16] Grandi U. and Endriss U., "First – order Logic Formalisation of Arrow's Theorem", *Springer – Verlag*, 2009, pp. 133 – 146.

[17] Saari D. G., "Susceptibility to Manipulation", *Public Choice*, 1990. 64 (1), pp. 21 – 41.

[18] Benthem J., Eijck J. and Kooi B., "Logics of Communication and Change", *Information and computation*, 2006, 204 (11), pp. 1620 – 1662.

[19] van Ditmarsch H. et al., "On the Logic of Lying", *Games, Actions and Social Software*, 2012, pp. 41 – 72.

[20] Geist C. and Endriss U., "Automated Search for Impossibility Theorems in Social Choice Theory: Ranking Sets of Objects", *Journal of Artificial Intelligence Research*, 2011, 40 (1), pp. 143 – 174.

[21] Kelly J. S., "Almost all Social Choice Rules are highly Manipulable, but a few aren't", *Social Choice and Welfare*, 1993, 10 (2), pp. 161 – 175.

[22] Barbera S., "An Introduction to Strategy – proof Social Choice Functions", *Social Choice and Welfare*, 2001, 18 (4), pp. 619 – 653.

[23] van Benthem J., "In Praise of Strategies", *Games*,

Actions and Social Software, 2012, pp. 96 - 116.

[24] Hemaspaandra E. and Hemaspaandra L. A. , "Dichotomy for Voting Systems", *Journal of Computer and System Sciences*, 2007, 73 (1), pp. 73 - 83.

[25] van der Hoek, W. and Wooldridge M. , "On the Logic of Cooperation and Propositional Control", *Artificial Intelligence*, 2005, 164 (1—2), pp. 81 - 119.

[26] Grandi U. , Endriss U. , "First - order Logic Formalisation of Impossibility Theorems in Preference Aggregation", *Journal of Philosophical Logic*, 2012, pp. 1 - 24.

[27] Pritchard G. and Wilson M. C. , "Exact Results on Manipulability of Positional Voting Rules", *Social Choice and Welfare*, 2007, 29 (3), pp. 487 - 513.

[28] Lehtinen A. , "The Borda Rule is also Intended for Dishonest men", *Public Choice*, 2007, 133 (1), pp. 73 - 90.

[29] Meir R. , Procaccia A. , Rosenschein J. et al. , "The Complexity of Strategic Behavior in Multi - winner Elections", *Journal of Artificial Intelligence Research*, 2008, 33 (1), pp. 149 - 178.

[30] Balinski M. and Laraki R. , "Election by Majority Judgment: Experimental Evidence", *In Situ and Laboratory Experiments on Electoral Law Reform*, 2011, pp. 13 - 54.

[31] Dowding K. and Van Hees M. , "In Praise of Manipulation", *British Journal of Political Science*, 2008, 38 (1), pp. 1 - 15.

[32] Pauly M. and Parikh R. , "Game Logic: An Over-

view", *Studia Logica*, 2003, 75 (2), pp. 165 - 182.

[33] Duggan J. and Schwartz T., "Strategic Manipulability without Resoluteness or Shared Beliefs: Gibbard - Satterthwaite Generalized", *Social Choice and Welfare*, 2000, 17, pp. 85 - 93.

[34] Barbera S., Bogomolnaia A., and van der Stel H., "Strategy - proof Probabilistic Rules for Expected Utility Maximizers", *Mathematical Social Sciences*, 1998, 35 (2), pp. 89 - 103.

[35] Zuckerman M. A. D. Procaccia and Rosenschein J. S., "Algorithms for the Coalitional Manipulation Problem", *Artificial Intelligence*, 2009, 173 (2), pp. 392 - 412.

[36] Taylor A. D., "The Manipulability of Voting Systems", *The American Mathematical Monthly*, 2002, 109 (4), pp. 321 - 337.

[37] Faliszewski P., Hemaspaandra E. and Hemaspaandra L. A., "Using Complexity to Protect Elections", *Communications of the ACM*, 2010, 53 (11), pp. 74 - 82.

[38] Faliszewski, P. and Procaccia A. D., "AI's War on Manipulation: Are We Winning", *AI Magazine*, 2010, 31 (4), pp. 53 - 64.

[39] Slinko A. and White S., "Proportional Representation and Strategic Voters", *Journal of Theoretical Politics*, 2010, 22 (3), pp. 301 - 332.

[40] Chevaleyre Y., et al., "A Short Introduction to Computational Social Choice", *Theory and Practice of Computer Science*, 2007, pp. 51 - 69.

[41] Bartholdi J. J. and Orlin J. B. , "Single Transferable Vote Resists Strategic Voting", *Social Choice and Welfare*, 1991, 8 (4), pp. 341 -354.

[42] Bartholdi J. J. , Tovey C. A. and Trick M. A. , "The Computational Difficulty of Manipulating an Election", *Social Choice and Welfare*, 1989, 6 (3), pp. 227 -241.

[43] Kube S. and Puppe C. , "(When and How) do Voters try to Manipulate?", *Public Choice*, 2009, 139 (1), pp. 39 -52.

[44] Favardin P. and Lepelley D. , "Some Further Results on the Manipulability of Social Choice Rules", *Social Choice and Welfare*, 2006, 26 (3), pp. 485 -509.

[45] Sen A. , "Another Direct Proof of the Gibbard - Satterthwaite Theorem", *Economics Letters*, 2001, 70 (3), pp. 381 -385.

[46] Penn E. M. , Patty J. W. , Gailmard S. , "Manipulation and Single-Peakedness: A General Result", *American Journal of Political Science*, 2011, 55 (2), pp. 436 -449.

[47] Endriss U. , "Sincerity and Manipulation Under Approval Voting", *Theory and Decision*, 2012, pp. 1 -21.

[48] M. Satterthwaite, "Strategy - proofness and Arrow's Conditions: Existence and Correspondence Theorems for Voting Procedures and Social Welfare Functions", *Journal of Economic Theory*, 1975, 10, pp. 187 -217.

[49] Taylor A. D. , *Social Choice and the Mathematics of Manipulation*, Cambridge University Press, 2005.

［50］ Blackburn P. , M. de Rijke and Venema Y. , *Modal Logic*, *Cambridge University Press*, 2001.

［51］ Osborne M. and Rubinstein A. , *A Course in Game Theory*, MIT Press, 1994.

［52］ Gaertner W. , *A Primer in Social Choice Theory*: *Revised Edition*, Oxford University Press, 2009.

后　记

在20世纪80年代，世界上众多民主国家，无论是发达国家还是不发达国家，小到农村选举，大到最近美国特朗普的总统大选，投票在世界各国的政治生活中发挥着越来越重要的作用。近年来，现代逻辑的迅猛发展，为投票理论研究提供了更多的学理支持，使许多难题有了新的解决方案，因而受到越来越多的关注。本书虽然从逻辑的角度，刻画了防策略投票的一般模式，并阐发了其独特意义。但是很多方面还未涉及，也有一些研究还不够深入，因此本人对投票的研究还会继续下法。

本书是集体的智慧和劳动的结晶。在本书的写作过程中，我的博士生导师李娜教授和博士后合作导师杜国平研究员都给过我悉心的指导，可以说，本书从一开始的资料收集、写作修改到最后的定稿都浸透了两位恩师的殷殷心血，在此表示衷心的感谢！还要感谢给予我指导和帮助的张家龙研究员、刘培育研究员、邹崇理研究员、刘新文研究员、翟锦程教授、任晓明教授、张晓芒教授、田立刚教授、王左立教授、刘奋荣教授、王建芳教授！感谢著名的逻辑学家约翰·范本特姆（Johan van Benthem）教授、van Eijck 教授和

Thomas Ågotnes 教授和 Ulle Endriss 教授，给我指导并提供电子资料或网址。这些都为本书的写作带来了极大的帮助！

在写作的过程中，我广泛借鉴且吸收了中外学者的研究成果和资料，并注明出处，但无法避免挂一漏万，对可能的疏漏和大意之处，深表歉意。对参考文献的所有作者，在此深表感谢！

囿于作者的学识和理论水平，书中难免有某些不足之处，敬请各位专家、学者和同仁不吝赐教。

孙雯

2017 年 12 月